会わなくても〝指名〟される

トップ販売員のInstagram力

株式会社grams代表取締役
艸谷真由
Mayu Kusatani

大和出版

はじめに

「Instagram力」が見せてくれる販売員の未来

「来客数が減ったことで、売上ノルマが達成できない」
「本社からSNSに力を入れるよう言われたが、時間がない」
「インスタ運用は、個人の評価には繋がらないと思う」
「販売員の将来性に不安を感じながらも仕事を続けている」

あなたはこんなことを思っていませんか？
SNSが売上アップに繋がることは何となくわかっていたとしても、様々な業務に追われている状況では、「これ以上、仕事を増やさないで」というのが本音ではないでしょうか。たとえ、会社から「SNSに力を入れるように」と言われていたとしても、です。実は、販売員時代の私がまさにそうでした。

はじめまして、艸谷真由と申します。

苗字が珍しく、「なんて読むの？」と思われた方も多いと思いますが、「くさたに」と読みますので、この機会にぜひ覚えていただけたら嬉しいです。

私は、6年前までアパレル販売員をしていました。

株式会社TOKYOBASEに新卒で入社し、入社3ヶ月目に、当時200人ほどいた全販売員の中で、月間個人売上No.1の実績を獲得。同時に、当時最短のスピードで店長に就任。自分自身も店頭の接客で売上を追いながら、店舗を守る「プレイングマネージャー」として働いてきましたが、**販売員当時は全く気づかなかった「SNSの力」を、独立後目の当たりにすることになりました。**

ここでは、なぜ私が「販売員に向けたInstagramの本」を書いているのか、また本書をお読みいただいた先にどんな未来が待っているのか、そういったことを少し、お話ししたいと思います。

入社時目標に掲げた「年間優秀新人賞」を受賞し、販売員を退職した後、TVでたまたま見かけた「インスタグラマー特集」をきっかけに、私はインスタを運用して収入を得る「インスタグラマー」として活動するようになりました。

この経験から、数あるSNSの中でもインスタは、使い方次第で共感者（お客様）との関係性を深められる、最強のビジネスツールだと実感したのです。

現在はインスタグラマーとして培ったノウハウを基に、「法人向けのInstagramプロデュース」の会社を経営し、百貨店や商業施設、アパレル企業のインスタに特化した戦略立案やクリエイティブディレクション、運用支援などを仕事にしています。

また、アパレル業界全体を盛り上げたいという気持ちから、現役販売員や、アパレル業界へ就職を目指す大学生・専門学生に向けてインスタの研修・コーチングを行っているのですが、その中で大きな課題がありました。

それは、アパレル企業の「販売員へ向けたインスタ教育」が圧倒的に遅れているということです。なぜ遅れているのかというと、「教えられる人材がいない」「販売員の教育にまとまった予算が回せない」ことが挙げられます。

特にコロナ禍で企業の存続が危ぶまれるいま、「緊急な施策」を進めるブランドは多い一方で、「緊急でないが重要な未来のための対策」に手が回らない実情があります。

このような状況下で、いま私にできることは何か考えたときに、「販売員1人ひとりが、自分で学んで実践できる環境を整えること」だと思いました。

そのうえで、本書では「インスタ運用の目的」から「実践的なノウハウ」までを丁寧に解説しています。具体的には、次のような構成で進んでいきます。

Chapter 01「これからの販売員は〝繋がり〟が武器になる」では、販売員が発信するメリットや、お客様とどのように繋がるのかを説きます。また、実際にインスタ運用に成功している「現役販売員さんの声」も掲載しました。

Chapter 02「Instagramのプロから学ぶ〝発信力のキホン〟」では、発信をはじめる準備として、インスタの先駆者である「ファッションインフルエンサー」は、自分をどう魅せてたくさんのファンに囲まれているのかを紐解きます。

Chapter 03「目指すべきは、憧れの人よりも〝会いたくなる人〟」では、ただスタイリングを発信すれば、お客様に見てもらえるわけではありません。ここではアカウントのコンセプト固めから、投稿内容のつくり込み方までお伝えします。

Chapter 04「あなたの接客スタイルが、そのまま〝発信の型〟になる」では、私の販売員時代のエピソードを元に、「店頭接客をインスタ発信に置き換えるとどうなるのか」を解説しています。

Chapter 05「〝店舗と連携〟すれば、ファンは確実に増える」では、販売員の「個人アカウント」と「店舗アカウント」を紐づける方法をお伝えします。実践すれば、販売員にとっても店舗にとってもプラスになる仕組みがつくれます。

Chapter 06「このひと手間で、〝売上アップ〟の循環がつくれる」では、実際に「商品を売る導線のつくり方」を伝えます。また、キホンが整ったうえで、影響力を高める・新規のお客様をつくるための、プラスαな方法を解説します。

本書に書かれたこれらの方法をコツコツと実践していただければ、直接店頭でお会いしなくとも「あなたに会いたい」というお客様でいっぱいになります。

また、現在はＥＣ（通販サイト）の台頭や、新型コロナウイルスの影響で、店舗への来客数が少ない状況ですが、インスタを活用することで、左記のような未来をつくることもできます。

- **来客数に左右されず、安定した売上を生み出すことができる**
- **お客様が退店した後も繋がり続けることで、再来店のきっかけをつくれる**
- **インスタを通して、商品の取り置きや店舗通販の依頼がくる**
- **インスタ内でファンになってくれたフォロワーから来店予約が入る**
- **スタイリング提案に対するお客様の反応が直に伝わり、モチベーションが上がる**

いかがでしょう。店頭での接客に、インスタでの発信を加えることで、あなたを指名してご来店される客様がたくさん増えたとしたら……、もっと仕事の時間が楽しくなると思いませんか？

さらに発信を続けていると、「楽しい」だけにとどまらず、あなたの「市場価値」も上がっていきます。**それは、フォロワー数が増えるから「インフルエンサーとして活躍できる」という話ではなく、あなたの思考回路がレベルアップするということ。**

いつのまにか、ＥＣ担当者がしている「編集力」や、現状の数値を分解し目標数値に近づけるための「分析力」、広報部が社外へブランドイメージを届けるために必要な「企画力・実行力」、販売促進部が購買に繋がるしかけをつくる「マーケティング力」など、あなたが店頭で商品を販売する前のプロセスが身につきます。それこそが、本書でお伝えする「Instagram力」です。

売上アップのみならず、あなたが望めば、希望ポジションへステップアップする可能性も高くなるのです。

いまからはじめても、全く遅くありません。

本書から新しい思考を手に入れて、あなた自身の価値を高めていきましょう！

きっと、１年後には、あなたの前に新しい景色が広がっているはずです。

艸谷真由

目次

Chapter 01 これからの販売員は〝繋がり〟が武器になる

Chapter

02 Instagramのプロから学ぶ〝発信力のキホン〟

Chapter
03
目指すべきは、憧れの人よりも〝会いたくなる人〟

Chapter 04

あなたの接客スタイルが、そのまま〝発信の型〟になる

Chapter 05

〝店舗と連携〟すれば、ファンは確実に増える

Chapter

06 このひと手間で、〝売上アップ〟の循環がつくれる

取材協力 SHENERY新宿店
SHENERY池袋店
DTP 一企画

Instagram（プロフィール画面）のキホン機能

ユーザーネーム
初期設定で登録するログインIDのこと
► Chapter05の32へ

新規投稿
各投稿をすることができる
► Chapter02
► Chapter03へ

オプション（設定）
マストな機能が備えられている
► Chapter03の25へ

プロフィール文
150字以内の自己紹介文のこと
► Chapter02の09
► Chapter03の19へ

ストーリーズハイライト
ストーリーズを24時間以上残すことができる
► Chapter05の36
► Chapter06の43
► Chapter06の47へ

インサイト
各投稿の反応を分析できるツールのこと
► Chapter06の42へ

まとめ機能
オススメの場所・商品・投稿をブログのようにまとめることができる
► Chapter05の36
► Chapter06の40へ

IGTV
最長60分の動画のこと。インスタライブを残すことができる
► Chapter06の44へ

タグ付けフィード
自分がタグ付けされた投稿を見ることができる
► Chapter06の46へ

フィード画面（投稿一覧）
自分の過去の投稿を見ることができる
► Chapter05の33へ

プロフィール画面
このページで解説している画面のこと
► Chapter06の39へ

ホーム画面（タイムライン）
フォローしているユーザーの投稿がリアルタイムで流れてくる
► Chapter03の24へ

発見タブ
アカウント・ハッシュタグ・スポット検索に加え、あなたへのオススメ投稿を見ることができる
► Chapter02の10
► Chapter06の41へ

リール
15秒の短縮動画のこと
► Chapter06の45へ

ショッピング機能
投稿からリンク先へ誘導できる機能のこと

＊本書は2021年2月時点の情報を元に作成しております。
＊ご使用時には、OSやソフトウェア等のバージョンアップにより、機能内容が変更されている場合もありますので、あらかじめご了承ください。

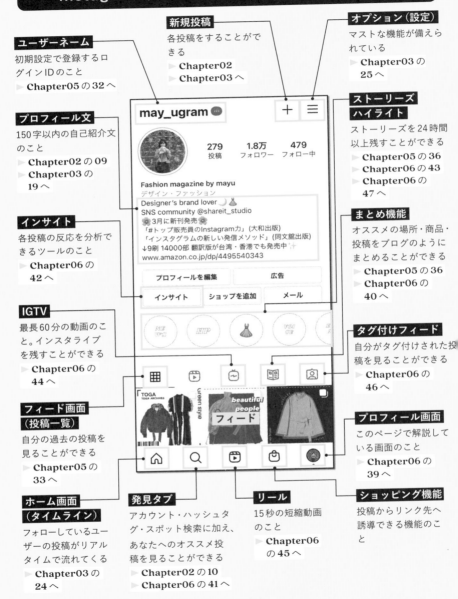

Chapter 01

これからの販売員は〝繋がり〟が武器になる

01 なぜ、販売員こそインスタをはじめるべきなのか？

これまでの接客は、「来店されたお客様に対して、その人に合った提案をする」という受けの構図が中心でした。人気ブランドや来客数の多い商業施設であれば、お客様のほうから来てくださるため、販売員自身が集客を考える必要はなかったのです。

しかし、ＥＣ（ネット通販）の増加、さらには新型コロナウィルスの拡大を機に、店舗への来客数が減少しているいま、立地はほぼ関係なくなりました。お客様の対応で大忙しだった店舗も突然時間ができてしまい、どう動けばいいかわからない……。そんな販売員さんも多いのではないかと思います。

ご想像いただきたいのですが、店舗に足を運ばないとすると、新しい洋服がほしくなったとき、お客様はどうやってお目当ての洋服を探すのでしょうか？

雑誌とインスタの違い

例えば、雑誌がありますよね。ページをめくるとモデルさんが華麗な着こなしをされていて、その中から「この服がほしい！」と〝憧れ買い〟することも多かったはず。しかし、いまはもっと身近に、情報を毎日発信している場所があります。それが、本書でお話しする「Instagram（インスタグラム）」です。

- **情報発信の頻度**　雑誌は、月に一度の刊行頻度なのに対し、インスタは**毎日数えきれないほどの情報がアップされる**
- **ターゲット層**　雑誌は、世代やジャンルが定められている大多数のターゲットなのに対し、インスタは**趣味が細分化されたコアファンがターゲット**
- **着用イメージ**　雑誌はモデルが華麗に着こなしているのに対し、インスタは主に**自分ごと化しやすい一般人が着用**
- **扱う商品**　雑誌は、手が届きにくい商品の紹介もあるのに対し、インスタは主に**日常に寄り添った商品の紹介**

メリット　雑誌は今期のいち押し商品を広く浅く知れるのに対し、インスタは**自分の知りたい商品をせまく深く探しにいける**

比べてみると違いは明確ですよね。これだけたくさんの情報が増えたからこそ、お客様は「このブランドの商品を買っておけば間違いない」といった受身の姿勢から、自分自身によりぴったり合う商品を自ら探しに行く姿勢に変わりつつあるのです。

また、ＳＮＳの浸透により「その商品が自分に合っているか」ということのみならず、**「どういう人がどんな目線で発信しているのか」**というような、**「個人への信頼」によって、買うか買わないかを吟味する時代にもなりました。**

多くのファッションインフルエンサー（フォロワーが多く影響力のある一般人）が、インスタにファッション投稿をしていますが、販売員こそインスタを活用しない手はありません。なぜなら、所属するブランドの商品を誰よりも身近で見てきて、そのブランドの商品知識やなぜその商品が生まれたのかという背景知識もある分、ファッションインフルエンサーの方々が語るよりも説得力があるからです。

また、日々の接客を通してお客様の顔や意見がわかるあなただからこそ、お客様が気になるポイントを、表面的ではなくしっかりと語ることができる。あなたが毎日店舗で培ってきた「接客力」は、インスタ内でも武器となり、あなたの発信を通して、たくさんのお客様が「あなたから買いたい」と店舗へいらしてくださったり、あなたのスタイリング提案を参考にＥＣで購入してくださるようになります。

このように、個人の声が重視されるようになったいま、販売員であるあなた自身の発信が必要とされる時代が到来したのです。**「購入を決定するために、最後の後押しがほしい」そう思うお客様に対して、店舗で実践してきたことをインスタ内で実現できるのは、販売員であるあなただけの特権です。**

昔のような万人から絶大な支持を得るカリスマ販売員ではなく、小規模でも着実に支持を集める、いわば小さなカリスマ販売員が、インスタを通じて続々と増えていくのではないでしょうか。

POINT

販売員の意見を必要とする人が、インスタでは溢れてる

02 「あなた自身」のファンになってもらえる場所

これからは、支持される販売員とされない販売員の明暗が如実に分かれてしまうと私は考えています。いままでは「勤務時間中店頭に立ち、来店したお客様に対して接客を行う」というスタイルで仕事が成立していましたが、来客数自体が少ない現状では、従来通りの売上をつくることはできないからです。

いただいているお給料の中で、どれだけのパフォーマンスを出せているか、会社に利益をもたらせているか、といったことを自ら考えて動かないといけない時代が目の前に来ています。

新型コロナウィルスによる外出自粛のときのことを、思い返してみてください。

すでにインスタの個人アカウントを所持していて、お客様と繋がる手段を持っていた販売員は、店舗が営業停止になった際も、休業のお知らせをしたり、商品購入の代替え案として自社ECを紹介したりと、お客様とのコミュニケーションやフォローができていたはずです。実際、インスタ運用を日々地道に行っていた販売員さんは、数人で店頭に行き、新作商品の写真を撮って個人アカウントにアップするというような、売上を立てる施策が多くのブランドで行われていました。

いままでは店頭での売上しか個人評価に繋がらなかったブランドも、EC購入でも個人売上になる仕組みが整ったことから、販売員にとっていまやEC売上に貢献でき、さらには自身の評価へ繋がる好循環が生まれています。

WEARとインスタの違い

一方、インスタの個人アカウントを運用していない販売員さんがその間に何をしていたかというと、ファッションコーディネートサイト「WEAR」の発信に力を入れている様子を多く見受けました。

WEARはファッション通販サイト「ZOZOTOWN」の売上に直接繋がる仕組みに

なっているので、所属ブランドのＥＣ担当者にとっては有難く、会社の業務として、販売員が投稿をしていくべきだと思います。

しかし、そのうえでWEARだと弱く感じるのは「個人のファン形成」という点です。WEARからあなた自身にお問い合わせが来ることは、ほとんどないと言っていいでしょう。なぜなら、お客様はZOZOTOWNに出店しているブランドの中から、「この商品が気になる」といった「商品軸」でスタイリングを見ているからです。これはWEARだけではなく、自社ＥＣと直接連携する「スタッフのコーディネートアカウント」も同様です。

一方インスタは、お客様と販売員であるあなたがダイレクトに繋がれる場所で、かつあなたの発信する情報のファンとなってくれた人が集まる場所です。あなたのスタイリング提案を見ていいなと思うだけでなく、ライフスタイルや考え方からも「あなたの提案を参考にしたい」と共鳴した方が、来店予約やＥＣでの購入をしてくださるのです。

つまり、オンライン上に自分のスタイリングさえ投稿していればＯＫというわけではありません。

「WEARしかやっていなかった……」とぞっとした販売員さんもいるかもしれませんが、大丈夫！　なぜなら、あなたはもう自分のスタイリングを投稿することには慣れているから。そして、日々頑張って発信を続けてきた中で、あなたのスタイリングを参考にしている方もきっといるはずです。

その流れを活かして、インスタアカウントもセットで運用しておくとWEARからインスタへの集客の導線が確保できますから、本書を読み進めながら一緒にインスタの準備をはじめましょう！

直接的な接客は行えなくても、お客様は販売員のインスタ投稿を元に、買いたい商品を選んでいます。インスタがあればお客様と繋がり続けることができるので、思うように動けない期間に限らず、日頃から発信を積み重ねておくことが大切なのです。

POINT

集まってくれるのは、あなたと何かしら共鳴した人

03 「作業」するだけで、1日を終えていませんか？

「そうはいっても、勤務時間中にやらなきゃいけないことがたくさんあって、インスタなんて発信している暇ありません！」と思われたかもしれません。

私自身も、販売員時代同じように考えていました。**インスタに時間を割くことができなかった一番の原因は、勤務時間の中で「作業」と「知的労働」の区別がついていなかったから。そして、販売員をしながらインスタを頑張るメリットがわかっていなかったからです。**

販売員をしていると、接客以外にもしなければいけないことはたくさんあって、びっくりするくらい時間が早く経ちますよね。

大量のパッキンが届いたら1着ずつ服の検品をして、その服の置き場所を確保するために、ストックを整理する。その間にお客様が来られたら、作業を中断して店頭に立ち、商品が売れればストックから探して店頭へ補充。

周りを見渡すと、畳んだはずの服が一瞬にして広がっていて、ラックを見ると、置き場所ではないところに商品が並んでいて、早速元の場所へ戻していたら、1本の電話。相手は同社の他店で「客注が入ったので、本日中にこの品番の商品をうちへ送ってください」とのこと。店頭から商品を下げて梱包をした後は、ガラガラになった店頭のラックを埋めるために、店内の構成を考え直す。

お昼になり、スタッフが順番に休憩へ入り、店頭スタッフが自分だけになった瞬間、予期せぬ来客の波が押し寄せて――。

このような繰り返しに追われながら、数少ないスタッフと連携して店舗を守り、お客様が来られた瞬間は接客だけに集中して予算を取る。毎日こんな状態だと、「インスタとか死んでも無理。これ以上仕事を増やさないで」なんて思ってしまうのが販売員の現状だと思います。当時の私は完全にこれでした。なぜなら、インスタという発信業務を「作業」と捉えてしまっていたからです。

インスタは商品整理や掃除や在庫チェックなどの動的待機とは違い、来店を促す可能性を自ら生み出すことができる「知的労働」なので、目の前の仕事をこなすといった「作業」ではありません。

「発信が未来へ繋がる」といった視点に切り替えて、掃除と同じ感覚で取り組むのをやめたとき、はじめて未来への投資になります。自分を指名して来店してくださるお客様ができるかもしれないと想像したら、なんだかワクワクしませんか？　モチベーションを上げる環境をつくるには、自ら種をまくことからはじまります。

消化試合をこれからも続けますか？

このように、インスタを頑張っておけば、一瞬手間が増えてしまうように思えても、結果、お客様と店頭以外で繋がるツールが手に入ります。

インスタに費やした分だけ、自分に会いに来てくれるお客様が増え、安定した売上が取れる。他店へ異動したときにも、お客様も一緒について来てくださり、社内での評価も上がる。そして、「転職したい」と思ったときにも、あなたがインスタをはじめたことで身につけたデジタルスキルは、採用で評価されるはずです。

インスタでお客様と繋がらずに、先ほどお伝えした毎日の状態をこなしてしまうことは、正直ただの「消化試合」です。作業だけを仕事と捉えてしまったら、3年後の自分もたいして変わっていないと思います。

もちろん、お客様に一番いい状態のお店を見てもらうために店頭を整えることも、売れた商品がすぐ出せるようにストック整理をすることも、届いた商品にB品がないかどうかの検品作業も、店舗を守るために全て大事なのですが、**毎日どれだけ丁寧に頑張っても、「自分の価値」は上がらないんです。**

販売員さんが価値を高める方法はたった1つ。お客様に「継続的な自分のファン」になってもらうこと。そのためには、店頭での接客の先に、繋がれる場所を持っておいたほうがいい。それが、販売員がインスタを本気で頑張るべき理由です。

POINT

インスタをやるかやらないかで、未来が180度変わる

04 売るために、切り離せない「3つの繋がり」

どうしていまインスタが必要なのかをお伝えしてきましたが、あなたは「店舗」「EC」「インスタ」それぞれの役割を認識できていますか？

各ポジションがどのように作用しているかを知ることは、インスタをはじめるうえで大切です。

●店舗の役割　実際に商品を自分の目で確かめること、試着できること、また販売員からアドバイスをもらえるため、商品と直接触れ合いながらあらゆる角度で検討できることが大きなメリットです。また、予想もしなかった商品と出合えて衝動買いしてしまったなんてことは、誰もが一度は経験があるはず。

ＥＣの役割　普段店舗で商品を買うことが多い方でも、店舗で見た後にやっぱりほしくなって、後日ＥＣで購入するケースもありますよね。このように、どこにいても自分の好きなタイミングで商品を購入できることや、細かい商品詳細を知れることが大きなメリットです。

いつも同じブランドで洋服を購入される方は、サイズ感もだいたい把握しているので店舗へ行かず、ＥＣで買い物を済ませることも多いのではないでしょうか。

インスタの役割　インスタは、「リアルな着こなし」や「トレンド」「口コミ」が一気に知れる場所です。**「ＥＣではサイズ感や着用イメージがつかめず、決めきれない」「店舗に行けないからＥＣ購入を検討しているが、プロの意見も聞きたい」、こうした迷いを持つ人たちに手を差し伸べられる場所が、インスタなのです。**

先ほどZOZOTOWNでの購入をWEARが後押ししているとお話ししましたが、**「どんな商品をどのブランドで買おうか」ということを、自分のなりたい雰囲気に近いインフルエンサーを参考にして購入する流れが生まれています。**

つまり、販売員がスタイリングをインスタで発信することで、いままで店舗で試着をするか、ECのサイズ表をチェックするかという選択肢しかなかった、シルエットやサイズ感の不安点がインスタで一気に解決できるのです。

例えば、インスタライブ（インスタ内で利用できるライブ機能）をリアルで見ていれば、「身長○○センチの標準体型ですが、SサイズとMサイズどちらがいいですか？」という個人的な質問（コメント）をその場ですることができます。お客様からしてみると、家にいながら店舗と変わらない体験を得ることができるのです。

お客様がインスタに求めているのは、「不安や疑問点を解消できること」「実生活で使ったときのイメージが湧くこと」です。つまり、インスタを発信するうえでは「リアルクローズ感」が最重要になるのです。

お客様とどうやって繋がるの？

そんなリアルクローズ感を求めているお客様と、インスタで繋がる方法はどこになるかというと、**「❶店舗で接客したお客様」にアカウントをお知らせしてフォローし**

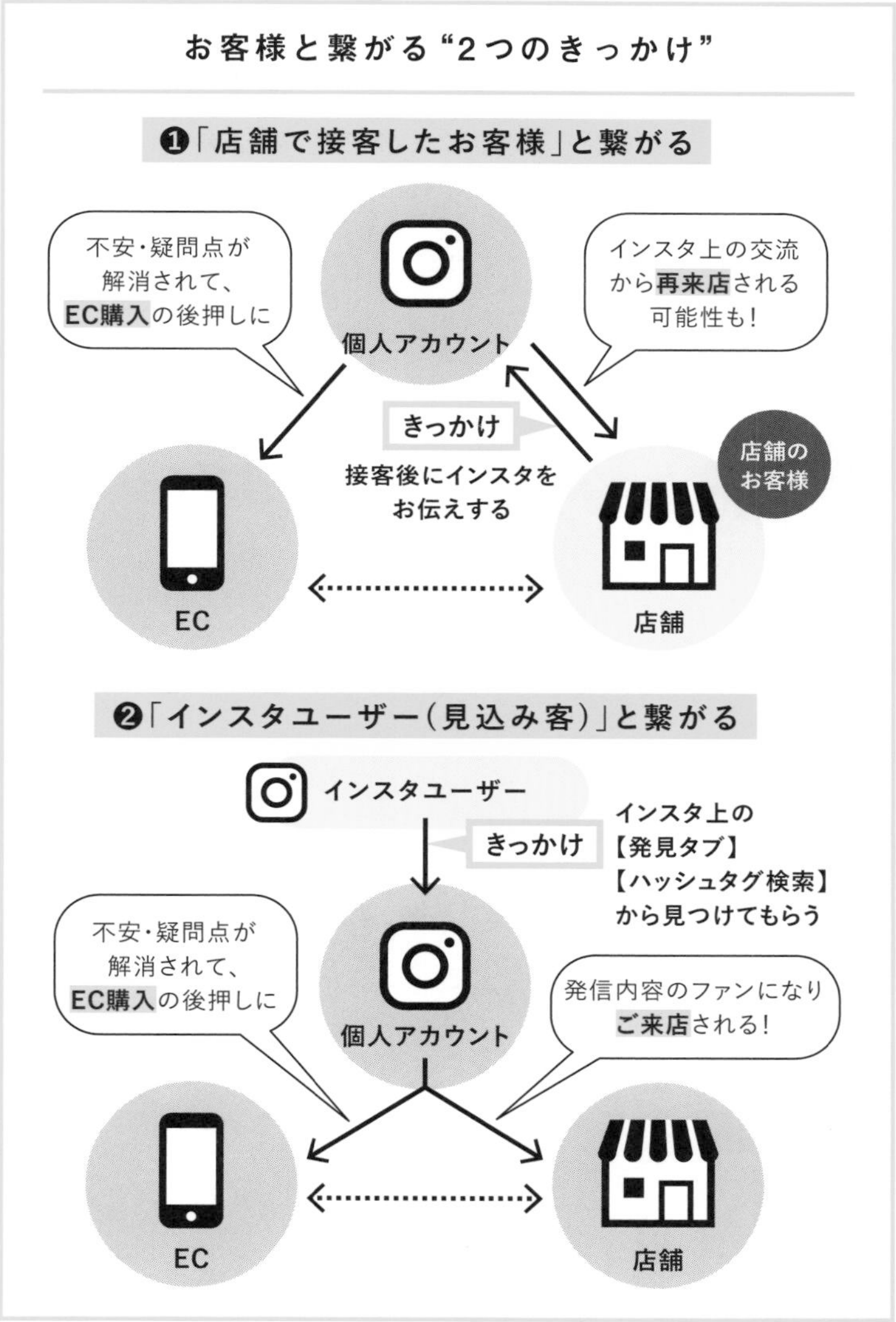
お客様と繋がる“2つのきっかけ”
❶「店舗で接客したお客様」と繋がる
不安・疑問点が解消されて、EC購入の後押しに
個人アカウント
インスタ上の交流から再来店される可能性も！
きっかけ
接客後にインスタをお伝えする
店舗のお客様
EC
店舗
❷「インスタユーザー（見込み客）」と繋がる
インスタユーザー
きっかけ
インスタ上の【発見タブ】【ハッシュタグ検索】から見つけてもらう
不安・疑問点が解消されて、EC購入の後押しに
個人アカウント
発信内容のファンになりご来店される！
EC
店舗

ていただくか、インスタ内であなたを知り発信に興味を持ってくれた「❷インスタユーザー」がフォローしてくださる、主にこの2パターンがあります。

前者のお客様はすでに接客した方なので、退店後もインスタで繋がることで、「リピーター」になる可能性を秘めています。あなたの発信を見て「そのスタイリング素敵なのでお取り置きしてください」「新作商品の色で迷っているんですけど一緒に選んでいただけますか？」とDMで来店予約をしてくださるかもしれません。

後者のお客様は、「見込み客」と考えることができますね。あなたらしいスタイリングを発信し続ければ、「これってサイズ展開は何がありますか？」「いつ頃入荷されるんですか？」など商品問い合わせをDMでいただいたり、直接ご来店されなかったとしても、EC購入の後押しに貢献できるかもしれません。

このように、「店舗」「EC」「インスタ」は密接に繋がっているんです。

POINT

ご来店される動機すらも、あなたがつくれる

05 疑問や不安は「代替え試着」で解決できる

先ほどのお話で気づいたことはありませんか？　インスタは、リアルな着こなしを確認して、ほしい商品を店舗かＥＣで購入するといった「比較検討の場」である一方で、「気軽に商品を見に行けない」「ＥＣでは商品単体のよさしかわからない」ことを想定すると、あなた自身がインスタでリアルな着こなしをアップしていかないことには、購入してもらう機会はどんどん減ってしまうのです。

プラスαで発信すべきというよりも、発信しないと買い物の検討にすら入りません。

繰り返しになりますが、試着せずにＥＣで買うということは、サイズ感や自分に似合うかどうかを含めてかなりの運の勝負になります。商品が届き「思っていたイメージと違う」と失敗した場合には、本来は楽しいはずのショッピングがストレスになることだってあるでしょう。

私自身も買い物がとても好きなので、可愛いと思った商品を衝動的にポンと買ってしまいがちですが、かなりの頻度で失敗してきました。

ですが、インスタ内に参考スタッフがいればそれも解決できるのです。

不安を解消する環境づくり

買い物で失敗したくないお客様に対して、販売員であるあなたが着こなしたうえで、肌触りやシルエットなど「着用した人にしかわからない情報」を投稿文に詳しく書き、コメント欄で質問を募集しておけば、「代理試着」というような視点で発信することができるのです。

Chapter 03で詳しく説明しますが、そのときに必要な情報はあなたの身長と体型、またスタイリングのコンセプトです。商品が入荷した段階でスタイリングをアップしておけば、セールになったら、ストーリーズの配信をまとめられる「ハイライト」や「まとめ機能」（Chapter 05の198、199ページに記載）を使って「セールリスト」を作成することだってできます。

また、DMでのお問い合わせや、投稿にいただいたコメントに対して、定型文をつくらずお客様に合わせた文面でやりとりを行い、お悩みや相談に乗る相手として、しっかり考えたうえでアドバイスをする。こうした1人ひとりとの繋がりを意識すると、あなたにアドバイスをもらいたいお客様でいっぱいになるでしょう。

インスタ上で疑問や不安をすぐに解消できれば、お客様が他ブランドの商品と迷わず、すぐにあなたのブランドで購入してくださる可能性が高まります。こうした取り組みが、売上やファンの拡大に結びつくので、これから詳しく説明していきますね。

POINT

インスタは、お客様の不安を取り除くための場所

06 公式や店舗よりも、「個人アカウント」を選ぶ理由

ここまで「販売員であるあなた自身のインスタをはじめましょう！」とお伝えしてきましたが、「私のブランドには、ブランド公式と各店舗のインスタアカウントならあるけど、それじゃだめなの？」と思った方も多いのではないでしょうか。

そこで、どうして「個人アカウント」がいいのかをここで紐解いていきます。

アパレルブランドでのインスタ活用は、大きく分けて3つあります。

ブランド全体の「公式アカウント」と、各店舗が運営する「店舗アカウント」と、スタッフ個人で運営する「個人アカウント」です。

私が「個人アカウント」をオススメする理由は、店舗アカウントよりも、販売員のあなた自身が「自分ごと化」できる分、効果的な発信ができるから。

あなたは「○○店のアカウント」を1つでもフォローしていますか？

店舗アカウントのデメリットは、よっぽど好きなブランドで、かつその店舗の常連様でない限りはフォローする理由がないということです。それも、店舗全体の写真やトルソーに着せたスタイリングをそのまま発信しているようでは、残念ながら常連様にもフォローしてもらえません。

店舗アカウントがなぜこのようになってしまうかというと、販売員自身もそこまで力が入らないから。「こんなアカウント誰もフォローするわけがない」と心の中で思っている販売員が大多数で、その温度感がアカウントにも反映されています。店舗アカウントはスタッフ一丸となって運用しないことには、請け負ったスタッフの負担が大変なことになるので、そこまでして誰も手を挙げたくないのが現状です。

そこで登場するのが、「個人アカウント」です。お客様を店舗のファンにしようと思わなくて大丈夫。あなた自身のファンになってもらうために、もう一度来店いただけるように、アカウントを運用することで毎日の接客が未来への種まきになります。

「1人だけ出し抜いてインスタを頑張るなんてできません」と感じた場合は、「個人アカウントを各自で頑張りませんか」と周りに声をかけてみましょう。

ここまでお読みいただいた中から、あなたが一番しっくりきた内容を、仲間のスタッフに話してみるのです。**「私たち、このままではよくないよね？　将来のためにいまやっておくべきことがあるよね」と。**お話しが難しそうでしたら、この本を貸してあげてください。やらなくて後悔した元販売員が、いま書いています。

この本を手に取ってくれたあなたも周りのスタッフも、「このままいつもの業務を行っているだけで大丈夫なのだろうか？」と不安を抱えている一方で、どうにかしたいとも思っているはず。ただやり切れる自信がないだけです。みんなの腰がなかなか上がらないのならば、まずはあなたからコツコツはじめていきましょう！　結果が出たことがわかれば、みんなこぞってはじめるようになりますから。そのときにはあなたは、何歩も先を行く、指名される販売員になっていることだと思います。

美容師から学ぶべきこと

店舗のファンが増えるときは、各スタッフがそれぞれの個性を活かした発信ができているとき。人気美容師だけが集まる美容室のように、スター販売員が集まる店舗を自分たちでつくることだってできます。

美容師界隈では、なぜたくさんのスターがいるかというと、自分でお客様を呼べないと生き残れないから。そのために、みなさん必死で自分の得意なカットイメージをつくり上げ、カットモデルを街中でスカウトして、出勤時間外にもカットやカラーの練習をしながら、インスタで集客するためのイメージ撮影をしています。

販売員も、美容師と同じように自分でお客様を呼ぶ努力をしないと、あなたのお仕事はなくなってしまうかもしれません。

これからは、自分で考えて動く時代。1年後にどうなっていたいかを想像して、新たな行動が必要です。冒頭でもお伝えしたように、これからますます販売員自身にファンがつく時代がやってきます。ぜひ本書でご紹介する方法を元に、個人アカウントをはじめていきましょう。

POINT

「個」が尊重される波が、販売員にもやってきている

Interview

Instagramで売上を生み出す、現役販売員さんの声

「個人アカウントが必要ということはわかったけど、頑張った先に本当に未来があるの？」ここまで読んでそう思われた方も多いと思います。今回、そんな疑問を解消するため、インスタで支持される現役販売員さんがあなたに向けて、インスタを頑張った先の未来を見せてくれました。

女性らしいカジュアルなスタイリングが人気を集めるアパレルブランド「SHENERY（シーナリー）」のお2人にお話しを伺います。

SHENERYさんのスタッフアカウントは、各スタッフのセルフブランディング力が長けているのに加え、スタッフ同士の連携や、商品購入&来店予約の導線がしっかり確保されている、丁寧につくりこまれたアカウントなので、これからインスタ運用をはじめるあなたには、参考になること間違いなしです！

SAKIKO HAMAYAMA
(@sakikohamayama)

１９９５年生まれ。販売員歴６年。２０１５年に株式会社パルに入社。現在はSHENERY新宿店スタッフとして勤務しながら、ＥＣ撮影にも携わっている。

Q1 個人アカウントをはじめたきっかけは何ですか？

入社した頃は、完全にプライベート用のインスタをやっていました。かるくお店の写真を投稿したり、顧客様と繋がることはありましたが、きちんと販売員として運用しはじめたのは２０１６年頃。当時Kastane（カスタネ）というブランドに勤務していたのですが、Kastaneのスタッフがすでに多くのフォロワーを抱えていたことをきっかけに、私もインスタに力を入れはじめたんです。**ブランドの力もあってフォロワーは確実に増え、インスタの影響力の大きさにこのときはじめて気がつきました。**２０１７年SHENERYの立ち上げスタッフとして移動してからもアカウントを継続して、いまに至ります。

Q2

個人アカウントをはじめてから、どんな変化がありましたか？

商品の問い合わせを、スタッフ個人にDMでいただくようになりました。投稿を見てくださって、「いつ入荷しますか？」「もう販売していますか？」とDMをいただき、そこからお取り置きや、店舗通販で購入されるお客様もいます。

SHENERYのECにはスタッフの個人ページがあって、提示したリンクから購入していただければ、**個人売上としてカウントされるため、お問い合わせ後ECでご購入されても、嬉しいことに変わりはありません。**

また、ここ1、2年で「SNSを強化しよう」という方針が会社全体でできたので、スタッフの評価基準にも変化がありました。

Q3

運営上、スタッフ同士で心がけていることはありますか？

せっかくなら、みんなで伸びたほうが幸せだと思うので、例えば、1つの商品を新宿店全員でアップしようとなったら、投稿に店舗スタッフ全員のアカウントを載せます。**私だけではなく、「こんなスタイリングをしているスタッフもいるんだ」と知っ**

てもらうことで、そのスタッフのファンになってもらい、もっとSHENERYを知ってもらえたらいいなと。スタッフ同士の仲がいいので、こんなふうに店舗全体で自然に繋げられている気がします。SHENERY同士でアカウントのタグ付けをするとフォロワーも一緒に伸びるので、相乗効果にもなるんです。

Q4 投稿するときに気をつけていることはありますか？

インスタグラマーさんの投稿を見るとき、自分は何を見たいかすごく考えます。私の場合は、販売員さんの普段のスタイリング。「日常で自分のブランドをどのように着こなしているか」気になるタイプです。自分が気になることは、他の人も気になると思うので、**私も休日に投稿するときには、ブランドの商品とともに、私服のお洋服も交えて、あまりオフィシャル感を出さないように意識します。**実際にインサイト（インスタ搭載の分析ツール）を見ると、私服のスタイリングは反応がいいんです。

Q5 個人アカウントを続けていて、よかったと思うのはどんなときですか？

一番は、「そのスタイリング好きです」とお客様からお褒めの言葉をいただけたとき。また、**インスタ運用が社内で評価されて、ブランド内の会議で自分の名前を出してもらえた**ときも、インスタを頑張っていてよかったなと思いました。

Q6 今後インスタを通して、実現したいことを教えてください！

SHENERYにいる以上は、**もっと影響力のある人になりたいです。例えば、新作をインスタに投稿したら、一瞬で完売しちゃうぐらい。**

ディレクターの川島（@sachie118）さんは、まさにそんなインスタを通してブランドの売上に貢献されている方なんです。最近、店舗にくるお問い合わせは、川島さんがインスタに投稿された商品が多くて、わぁ、すごいなっていつも思います。川島さんにアカウントを載せてもらうとフォロワーが伸びるので、結構みんなそれを狙って一緒に写真を撮ってもらったり（笑）。私の場合、いまは私服やコスメに対して「どこのものですか？」とコメントをいただくことが多いので、ブランドの商品にもっとお問い合わせをいただけるようになりたいです。

NANAE MURATA
(@nanae_)

１９８６年生まれ。販売員歴７年。２０１４年に株式会社パルに入社。一度退社したのち、SHENERY立ち上げスタッフとして職場復帰。現在は池袋店に勤務。

Q1

個人アカウントをはじめたきっかけは何ですか？

２０１７年にSHENERYがブランドとして立ち上がったときには、世の中のＳＮＳ普及もあいまって、ブランド全体でＳＮＳに力を入れることになりました。

その際に、各スタッフも個人インスタを運用しはじめたのですが、より強化したのは２０１９年ぐらいから。**個人のアカウントで、プライベートを交えながら投稿をしたほうが、広告的にならずにお客様にも身近に感じてもらえるのではないか**というのが理由です。

Q2 個人アカウントをはじめてから、どんな変化がありましたか？

フォロワーが3000人を超えたあたりから、月10名様ほどからDMをいただくようになりました。「あなたに接客してもらいたい」と来店予約をいただいたり、「投稿していた商品がほしくって」とご来店される方も。コロナ禍なのでECで購入する方も多いですが、サイズ感がオンラインだと不安、どっちの色が似合うかわからないという方は、「お店で直接商品を見て一緒に選びたいです」とDMをくださいます。

また、はじめてご来店いただいたお客様には、SHENERYの公式インスタアカウントを紹介したうえで、**「公式アカウントがフォローしているのが各店のスタッフなので、気になる子がいましたら、フォローしてあげてください」と伝えることで、インスタでファンになってくださり、再来店していただける流れができています。**

Q3 運営上、スタッフ同士で心がけていることはありますか？

商品を紹介するとき、「自分っぽくないもの」は載せないようにしています。商品をただ紹介するような告知感を出さないように、各スタッフ自分なりの着こなしで個性が出るような投稿を心がけています。
また、SHENERYには店舗アカウントがないので、**その分投稿するときは「#shenery_ikebukuro」というハッシュタグをみんなで自然と付けるようになりました。**ときには本部と全店共有で、「この商品に関しては、全員でこのタグを付けよう」と決めて、例えば「#shenery_knit」などのハッシュタグを付けることもあります。

Q4

投稿するときに気をつけていることはありますか？

スタイリング写真を撮るときに、同じ方向を向いているものばかりにならないように気をつけるのと、商品を撮るときに、実物の色味が伝わるよう加工は明るさやシャドウを調整するぐらいに抑えています。また、投稿文は、**語尾をラフすぎずかしこまりすぎず、自分のキャラに合うような文章**を心がけています。

Q5

個人アカウントを続けていて、よかったと思うのはどんなときですか？

「このスタイリングが可愛かったから、購入したい」というお声を日々いただけることです。また、SHENERYは全店スタッフの個性が全く違うので、**自分では思いつか**

ないスタイリングの投稿を見たときには、「こういう着方もできるんだ！」という驚きがあって楽しいですし、参考にしています。実際に店頭でお客様がフィッティングされるか悩んでいるときに、他店スタッフの着用投稿をiPadでお見せすることでフィッティングの後押しに。着こなしのバリエーションや、着丈のイメージをお客様にお伝えするときにも、インスタは大活躍しています。

Q6 今後インスタを通して、実現したいことを教えてください！

ブランドの認知度をもっと広げたいです。コロナ禍のいま、他ブランドさんもインスタに非常に力を入れているので、**スタッフ個々の力をよりパワーアップさせて「SHENERYの服は間違いないよね」って思っていただけるまでに、ブランド全体で成長していきたいです。**

Chapter 02

Instagramのプロから学ぶ 〝発信力のキホン〟

07 「ファッションインフルエンサー」は、自分をどう魅せている？

Chapter 02では、これからの販売員に必須な「発信力」についてお話しします。店頭の接客では、目の前のお客様へ向けて最適な提案をされてきたと思いますが、店頭に立っていないインスタ上のあなたは、「不特定多数のお客様」へ向けて自ら情報を届けていかなければなりません。

つまり、あなた自身のことを知っていただかないと、「あなたに洋服を選んでもらいたい」といったお客様に出会えないのです。インスタで情報を届ける際に必要なことは、「プロフィール文・投稿内容・投稿写真・更新頻度」からどんな人なのか誰が見ても把握できることです。

日々の接客では、お互いの視覚的な情報があるため、あなた自身はお客様へのヒアリングがメインだったと思うのですが、インスタの世界ではそれがないために、あなたから先に、お客様に必要な「あなたの情報」を提示する必要があります。

例えば、「パンツスタイルの着こなしが得意」「デザイナーズブランドに詳しい」「普段はSサイズの服を着ている」など、**あなたの発信を参考にしたいと思ってもらえるような「強み」かつ「特徴」をプロフィール文に記載し、その自己紹介に沿った投稿がされていることが大切です。**これが指名される販売員になるために必要な「発信力」に繋がるのです。

運用の目的は違えど、ファッションインフルエンサーの方々のノウハウは販売員にとっても非常に参考になります。そこで、インスタの先駆者であるファッションインフルエンサーたちはどのように自分を魅せファンを獲得してきたのか、その秘訣をこの章で紐解いていきます。

POINT

フォローの決め手は、投稿内容だけとは限らない

08 成功のコツは、いきなり発信しはじめないこと

まず、何からはじめたらいいかというと、「インスタを毎日見ること」からはじめてください。「え？　全然参考になりません。もっと具体的なテクニックを教えてください」という声が聞こえてきそうですが、残念ながら、インスタをちゃんと見たことがない人に、いくらテクニックをお伝えしたところで上手にはなりません。

ですが、インスタをただ漠然と見るだけでは何も得られないので、自分が毎日見たいと思えるファッションアカウントを10アカウント以上探して、フォローするところからはじめてみましょう。

そのとき、「自分は何と検索して、このアカウントへたどりついたのか？」と考えたり、「このアカウントのここの見せ方がいいな」というポイントを探したりするのです。するとフォロワーをたくさん抱えるファッションインフルエンサーが、ただ

小手先のテクニックで成功したわけではないということに気がつきます。

投稿コンテンツに着目する

例えば、「#ユニクロコーデ」と検索してみましょう。画像に文字が入っていない素敵な着こなし投稿もありますが、注目すべきは「文字入り画像」の投稿です。

文字入り画像は、「商品をどのような切り口で紹介するか」といった内容を考えるときの勉強になります。これからあなたの発信する投稿画像に文字入れをしなかったにしても、1投稿ごとの「企画力」は必ず参考になるはずです。

どんな発信をしている方がいるか、まずは紹介していきますね。

❶ユニクロ新作買い物リスト

発信者の「いまユニクロでほしいもの」をまとめた投稿です。複数枚投稿にて、1枚目はユニクロ店舗内での自分の写真。2枚目以降では、ユニクロの公式ECに掲載されている商品画像をスクリーンショットしたもので並べていました。

この投稿を自分のブランドで置き換えると、1枚目は店頭のあなたの写真に「新作ほしいものリスト」と簡単に文字入れ（文字入れ方法はChapter 02の99ページに記載）をし、2枚目以降に自社ECの画像を並べれば完成です。**「自社商品を毎日見ている販売員のベストバイアイテム」は気になる方が多いはず。**物撮りが苦手な人でも、ECの商品画像を活用することで、簡単にでき上がります。特にこれからインスタ発信に挑戦される方に、ぜひ実践していただきたいテクニックです。

❷やってみたかったコーデ

「挑戦したかった着こなしを、上下ユニクロでやってみた」という投稿です。上下アイテムをユニクロでコーディネートし、1枚目の投稿には、商品名を文字入れ。2枚目以降はシルエットが伝わるように別角度の写真を掲載していました。

この投稿を自分のブランドで置き換えると、あなたがいま挑戦したいコーディネートの紹介で完成します。**「やってみたかった」というのは、あなたがただやってみたいからといった理由ではなく、インスタ上のあなたのコンセプトに沿った「前提条件」があったうえで成り立つ提案です。**

▶ @n.etsuu　1枚目は着用写真に商品名と着用サイズを文字入れ。

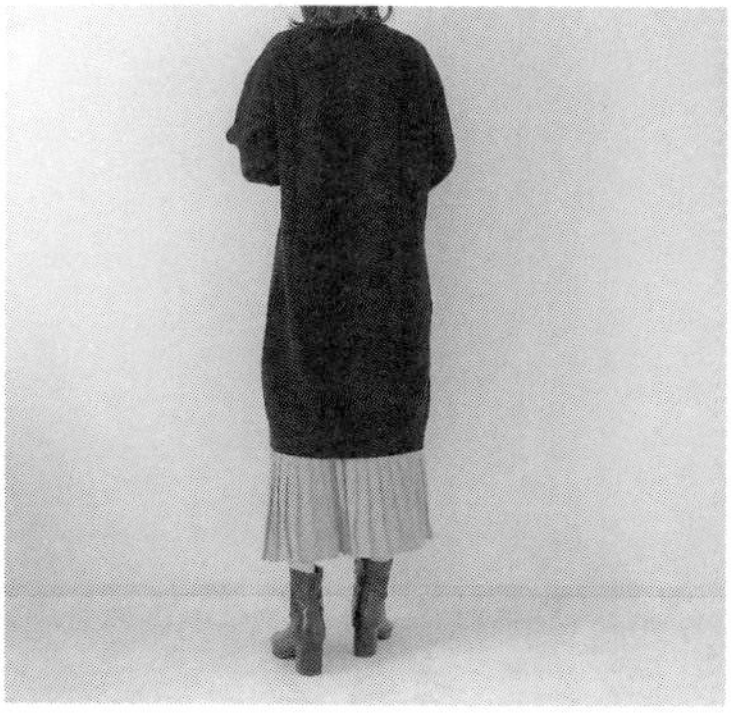

▶ @n.etsuu　4枚目は後ろのシルエットが伝わる写真を掲載。

例えば、普段は足を隠すことで着痩せする「ロングスカートコーデ」ばかりオススメしているスタッフがいたとしましょう。新作入荷時に、脚が綺麗に見えるパンツに出合ってしまったら……、「体型が気になる方にこそ履いてもらいたいパンツ」として、紹介したくなりませんか？

そんなときこそ「やってみたかったコーデ」の出番です。冒頭でお伝えしたように、**「あなたがなぜそのコーデをオススメするのか」といった共通認識があれば、珍しく**

パンツコーデをアップしたときの、お客様の共感度と説得力も桁違いですよね。

❸おしゃれに見える色の組み合わせ

一部ユニクロのアイテムを使って、オススメの色の組み合わせを紹介する投稿です。アイテム軸で語ることの多い投稿を、あえて「色合わせ」で提案するというのは、見ている人にとって、毎日コーデを考えるときの参考になりますよね。

この写真を自分のブランドで置き換えると、店頭商品の様々なカラーアイテムを使った色の合わせ方を提案できます。

普段、ホワイトやブラックのカラー展開が多いブランドでも、シーズンによってはミントグリーンが差し色で入荷することもあるはず。ベーシックカラーの組み合わせが「なんでも合う」ということは大体わかりますから、**ミントグリーンの服こそ、「どんな色合わせで何通りのスタイリングが楽しめるのか」ということが伝われば、あなたは、お客様にとってはじめてミントグリーンの洋服をすすめた販売員になれるのです。**

▶ @hsr.ot___　1枚目は着用写真に企画タイトルを文字入れ。

▶ @hsr.ot___　3枚目は「ミント×ベージュ」のスタイリングを提案。

直接会っていなくても、インスタの中で新たな視点を提案するといったことは、このように届きます。目の前にどんなお客様がいるかが見えなくても、スマホ越しでお客様にしっかりと届いているんです。

❹ユニクロの同品番のニット4色を着比べ

「メンズの人気ニットを女性が着てみた」という投稿。1枚目はニット4色の置き画を投稿し、２枚目以降は上半身の着画を各色で投稿しています。最後の写真では横からのシルエットも投稿されていました。

▶ @maki_h.a　１枚目は置き画に商品名とサイズを文字入れ。

▶ @maki_h.a　２枚目は「ベージュ」の着用写真を。

この写真を自分のブランドで置き換えると、平置きやハンガーに吊ってある状況では可愛さが伝わらない商品を、魅力的に発信することができます。

接客時を想像してもらいたいのですが、あなたがオススメした商品のよさをお客様が全く気づいていないとき、「ご試着してくだされば、可愛さに納得していただけるのに……」と思ったことはありませんか？　まさに、それです。**着用した人にしかよさがわからない商品は、あなたが着用して具体的にどこが可愛いかを写真で提示してあげましょう。**店頭では人気がでなかった商品も、あなたの発信を通して「インスタから人気商品に！」といった伝説がつくれる可能性さえ秘めています。

このように、投稿コンテンツを1つひとつ紐解きながら、「自分のブランドで置き換えてみると」と考えて、研究ノートをつくっていきましょう。

例にユニクロを挙げた理由は、誰が着ても同じようになりやすい「一見紹介しにくいアイテム」を様々な切り口でおしゃれに着こなし、買うべきポイントをユニクロの販売員でもない方が工夫してお伝えしてくれているからです。

毎日多くの商品を目の前のお客様に提案してきたあなたには「オススメの接客ワード」がたくさんあるはず。それを投稿に落とし込んでいきましょう。

POINT

発見タブには、秀逸なアイデアが詰まっている

09 「プロフィール文」は学びの宝庫

続いて、その投稿の発信者を見に行きます。

発信者のアカウントでまず注目すべきは「プロフィール文」です。自分をどのように魅せることで、たくさんのファンに囲まれているのか。このあたりがとても勉強になります。

❶おとさん　@hsr.ot___　（前項❶❸の発信者）

ご自身の身長と、経歴が明記されています。加えて、個人アカウントとは別に、ファッションブランドをプロデュースされていて、古着屋さんの販売員もされていることがプロフィール文を見ると読み取れます。

このように、本人のことを知らないのにプロフィール文を見れば、「どんな人で、アカウントをフォローするとどんなスタイリングを知れるのか」といったことがひと目で伝わることが重要です。

▶ @hsr.ot___　プロフィール文

❷えつこさん　@n.etsuu（前項❷の発信者）

ご自身の身長と、好きなブランドやテイスト、さらにお子さんが2人いらして、犬を飼っていて、アメーバブログでファッションブログをしているとわかります。

高身長の方にとって参考になるうえに、プチプラファッションを使ったハイセンスなシンプルスタイルが叶いそうですよね。同じテイストが好きな方や、お子さんがいて「実用性もおしゃれも兼ね備えた服がほしい」という方にもささる内容です。

▶ @n.etsuu　プロフィール文

本人の体型やファッションテイスト以外に、家庭環境や暮らしが想像できることも重要な要素です。あなたも無意識に同じようなライフスタイルを送っている人をフォローしていませんか？　そういったことに気づくことも大事なリサーチです。

販売員のあなたは、家族構成までは載せなくても、パーソナルな情報を伝えたほうがコンセプトに沿っている場合は、プロフィール文に追記しましょう。

例えば、実家暮らしと1人暮らしでは洋服に使える金額も変わりますから、暮らし環境を伝えることで、お客様も親近感を抱いてくださるはずです。

「そっか。多くのフォロワーを抱えている人は、発信する内容がきちんと固まっていて、さらに自分と同じような人に参考にしてもらえるよう、体型のみならず、家族や出身地などを表記したうえで、こんなに丁寧な情報を毎日発信し続けてきたから、たくさんのファンがいるんだ」といったことに自分で気づいてからスタートできると、発信へのマインドが180度変わるので、遠回りになりません。

早速今日から1週間、インスタを毎日見ることからはじめましょう。

POINT

共感者を集めるために、プロフィール文を活用しよう

10 注目される人は「GIVEの視点」を常備している

さて、ここまで研究してきた中で気づいたことはありませんか？　そう、日々相手目線に置き換えた発信ができている方は、こぞってファンが多いということ。

スタイリングの記録を載せているだけでフォロワーが増えているのではなく、**「見ている人が気になるだろうな」というポイントをしっかり押さえているのです。**

例えば、2020年の11月13日から9年ぶりに、ユニクロとデザイナーのジル・サンダー氏が「＋J」のアイテムを発表しましたが、発売日からファッションインフルエンサーの更新は鳴り止みませんでした。

むしろ、発売前から「どれを狙っているのか」を公開するレベル！　自分に置き換えて考えると、まだ自分がゲットできるかわからないにも関わらず、自らほしいものが買えなくなる可能性をつくってまで、そして被りコーデが多発するかもしれないのに、「これは絶対買うべきリスト」として作成するＧＩＶＥ力、すごくないですか？

しかも、発信者はユニクロの店員さんでもないわけです。

「探される存在」になるためには

世間が注目する情報をいち早く、「自分なりの言葉で届ける」というメディアのようなことを個人が率先して発信しています。たくさんのファンを抱えるファッションインフルエンサーは、これを当たり前にやっているのです。

実際、発売前から参考にしているファッションインフルエンサーの情報を見て、買いに走った方も多いのではないでしょうか。また、当日ＥＣで買おうとした方の中には、サイズ感をチェックするために、「#uniqlojilsander」「#uniqloplusj」「#ユニクロジルサンダー」などたくさんハッシュタグ検索をして、お目当てのアイテムやサイズを決めた方も多くいるはずです。

販売員のあなたにも、そんな「探される存在」になってほしいのです。そのためには、**日頃から所属ブランドがどんな雑誌に載っているのか、所属ブランドが売っていきたいのはどのアイテムなのかを知っておくことに加え、実際にお問い合わせの多い商品は、インスタ上でハッシュタグ検索をしていただけるように、タグを仕込んでおくことが大切です。**

ユニクロのように一見同じアイテムに見えるものも、実際の素材・シルエット・サイズ感含め、全く違う商品ですから、そういったときに必要なのが「商品名」です。今回のユニクロの件に関しても、検索トップにいる方は、「#ハイブリッドダウンジャケット」のようにハッシュタグに商品名を入れている方がほとんどでした。

購入サイズを考えるとき、ECを見た後、インスタで商品名を検索するお客様はたくさんいるので、商品に紐づくキーワードをハッシュタグに入れることは必須です。お客様の行動を想定して先に準備しておくこと。それが、「GIVEの視点」です。

POINT

「商品名」を検索した人は、高確率でお客様になる

11 「いい写真」が撮れるのは、偶然ではなく必然

時間がないからと言って、店内のトルソーやフィッティングルームで撮影したスタイリング写真を掲載するだけでは、お客様の参考にはなりません。

お客様がインスタに求めているのは、先ほどお伝えした「リアルクローズ感」です。それは写真も同じ。店舗から一歩外に出て街中で撮影してみたり、自然光の下で撮影するだけで変化が現れます。**日常生活で着用したらどう見えるのか、街の中で着ているイメージが見えると、お客様にその商品の魅力がより伝わるのです。**

どのように写真を撮るか具体的な方法をお話しする前に、「インスタ写真の基本」から一緒に押えていきたいと思います。

ここが抜けてしまうと、小手先のテクニックになってしまい、毎回の撮影で悩んでしまいますから、基本から理解していきましょう。

写真に対する違和感を書き出す

では、この写真を見てください。私が2017年8月に、インスタに本腰を入れて撮影したはじめての写真です。

▶「インスタ写真」としてはイマイチな例。

この写真は「インスタ用の写真」としてふさわしいでしょうか？ まずは、この写真から感じる違和感は何なのか、1つずつ明らかにするところからスタートです。

違和感を書き出していくと、

❶写真のサイズが中途半端
❷背景がごちゃごちゃしている
❸何を伝えたいのかがわからない

など、挙げられます。

これらをまとめて、「趣味の写真」と私は呼んでいます。

趣味の写真ではない**「インスタ写真」とは、「受け手側にも、写真の意図が伝わる」というのが重要なポイント。**1つずつ解説していきます。

❶写真のサイズが中途半端

そもそも、写真のサイズを気にしたことはありますか？

各SNSは、ツイッターならば横長の長方形、インスタならば正方形と、表示サイズが決まっています。インスタでは、「特に何も考えずiPhoneのフルスクリーンで撮影した写真を、正方形にリサイズする」というように、撮影後にサイズ変更をする人が多いと思いますが、それだと構図が保てなかったりします。つまり、「最初からインスタの表示サイズを考えて撮影をしよう！」というお話です。

最初からサイズを意識して撮影しないと、リサイズした際に「思ったより余白がなかった」ということに繋がります。ここでいう「余白」とは、「背景も含めた空間」のことを指しますが、インスタにおいて余白はものすごく大事な要素です。

フィード画面（投稿一覧）を眺めたときに、商品が画面いっぱいに写っているアカウントを「おしゃれ」と感じますか？

インスタ写真は、空間も含めて「商品が魅力的に見える写真」で構成されるので、これからは背景も含めた「余白」を意識してください。統一感のあるフィード画面を設計していくうえでも、この余白があるかないかで見返したくなるアカウントかどうかに大きな差が出るのです。

▶ＯＫ例。背景の余白を意識できている。

▶ＮＧ例。画面いっぱいに被写体が写っていて、余白を意識できていない。

また、iPhoneには【スクエア】という、はじめから正方形サイズで撮影できる機能がありますが、それはオススメしません。私のオススメする基本的な手順は、

（1）iPhoneのフルスクリーンで撮影。投稿用の写真ならば、正方形サイズにリサイズすることを想定して上下に余白をあけて撮影し、ストーリーズ用の写真ならば、表示サイズが縦長の長方形なので、縦いっぱいに撮影

（2）iPhoneに初期設定されている【編集】から右下にある「トリミング」アイコンを選択

（3）右上にある「アスペクト比」アイコンを選択し、【スクエア】を選択して、正方形サイズにリサイズした後、右下の「チェックマーク」をタップ

（4）（2）から【傾き補正】を選択し、背景のバランスを整える

手順（3）の【傾き補正】は、地面の傾きを平行にしたいときや、撮影した背景の壁や机の線が斜めになっているときに使えます。私のインスタ（@may_ugram）をご覧いただくと意味がわかると思うのですが、私が写っている写真の背景は全てまっす

ぐですよね。直線になっているのは、この【傾き補正】を使った結果です。

つまり、最初から正方形サイズで撮影してしまうと、余白（背景）がなくなるうえに、商品が見切れてしまうのです。後から加工を入れることを前提にゆとりをもった構図で、かつフルスクリーンで撮影しましょう。

一番最初にお見せした写真は、余白もなく、頭も見切れていて、さらにはインスタのサイズにも対応していない写真なので、完全に「趣味の写真」です。

❷背景がごちゃごちゃしている

続いて、背景に目を向けてみましょう。

「インスタ写真」は、被写体とその背景でワンセット。つまり、被写体がうまく撮れても背景が微妙だったら、写真として台無しになってしまうのです。今回の写真でいうと、人や柱やグリーンや看板など、映り込む要素が多すぎて統一感のない写真になっています。**「インスタ写真」にするためには、シンプルな壁を選んで、街中では被写体以外の人は写さないこと。また販売員のあなたは、着用スタイリングに背景が馴**

染んでいるかも考えて、背景までもコーディネートしましょう。

例えば、「柄ブラウス」を紹介する際、洋服の柄を強調するためには、背景は無地の壁を合わせたほうが映えますよね？　そのときに、イエローのワンポイントが効いているブラウスだったとしたら、背景もイエローで統一すると、急に雑誌レベルの見栄えに変わるのです。

ただ、「壁の色合わせまで考えるのは、環境的に難しい」という場合がほとんどだと思うので、すぐに実践できる方法をお伝えします。

百貨店や商業施設内では、テナントに合わせてフロアごとにテイストの違った壁や空間がありますが、そこを利用するのです。レンガ調なら、トラッドなスタイリングに映えますし、コンクリート調なら、無機質な雰囲気のモノトーンスタイルと相性がいいです。このように、館内や周辺環境を散策しながら、あなたの中で、「壁レパートリー」を増やすことができれば、写真の仕上がりが見違えます。

壁は広範囲でなくても、正方形サイズに足りればOKですから、探してみるとちょうどいい壁はいくらでも見つかるはず。もし、写真に簡単な文字入れをする場合は、シンプルな無地の壁で十分です。
ぜひ、今日からスタイリングに背景が合っているかまで意識してみてくださいね。

❸何を伝えたいのかがわからない

「インスタ写真」は、画像で何を伝えたいのか、明確な目的があることが大事です。
なんでもかんでも盛り込めばいいわけではありません。

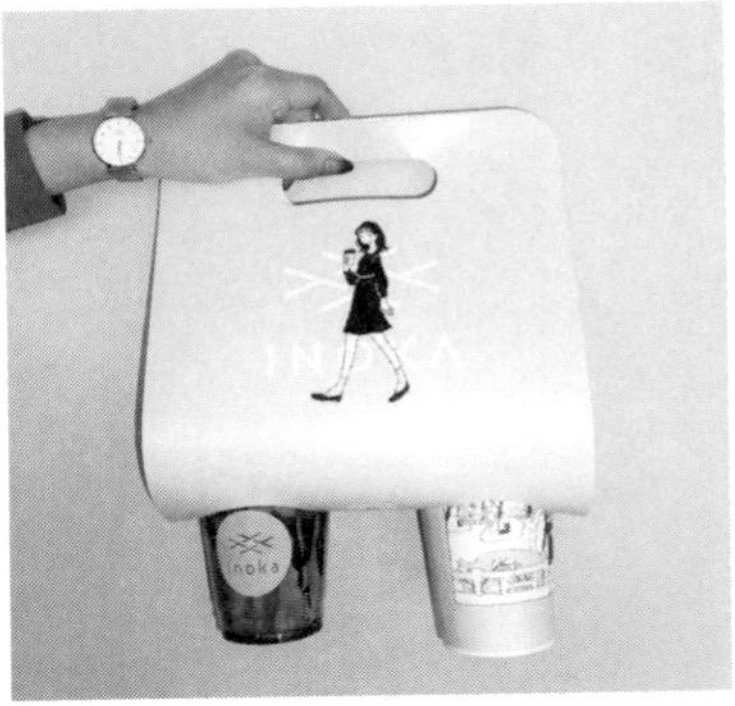

▶OK例。ドリンクに的を絞ったことで、パッケージのデザイン性や、商品の種類が伝わる。

▶OK例。空間に的を絞ったことで、店内の雰囲気や当日のファッションが伝わる。

最初の「趣味の写真」と右の写真を比較すると、明らかに違いがありますね。盛り込みすぎた写真を、伝えたい要素に絞って撮影するとすっきりとした印象になります。

これから販売員としてインスタをはじめるあなたは、インスタ映えなパフェやドリンクにファッションコンテンツを盛り込むことはないかと思いますが、「写したいものがいっぱいある」というときは、この写真を思い出してください。

「インスタ写真って、全部を盛り込んだ写真だったかな？」と思い返すと、本来の目的からブレない写真が撮れます。写真の意図を考えるだけでも、まずはファーストステップクリアです！

POINT

ズームすべきは、あなたが一番推したいところ

12 「スタイリング写真」で日常をイメージさせる

さて、ここからが実践編!! 実際に販売員さんが、スタイリングを撮るときのパターンは3つあります。1つずつ説明していきます。

❶スタイリング写真（着画）
❷アイテム詳細写真（着画）
❸小物写真（置き画）

❶スタイリング写真（着画）

まずは、定番の全身スタイリングを撮影する場合です。

被写体は、「店舗近くの壁前に立ってちょっとだけ目線を下に向ける」。撮影者は、

「しゃがんだ姿勢でカメラを構え、被写体の脚が長く見えるように、スマホを斜め上の角度に向けて撮影する」というのがよく見かける形ではないでしょうか。

ここからどこを修正するかと言うと、被写体は必ず動きましょう。それはモデルさんのメイキング映像のように、同じ位置で表情やポージングをシャッターごとに変化させるという意味ではなく、背景に沿って、ゆっくり歩いてみるということ。

撮影者は背景の壁と平行状態になるようにカメラを構え、その間の道を、被写体は右から左へ歩いたり、前へ向かって歩いたり、短い距離を行き来するように動くと、連写をするだけで「インスタっぽい！」と感じる写真が撮れます。

被写体のより具体的なポイントとしては、まっすぐ歩きながら、顔を左右に向けたり、手持ちのカバンに目線を向けたりしながら、表情が固くならないように口角を上げておくこと。口元がにっこりできれば、目も自然にやさしくなります。

また、正方形にリサイズにする際、口から下をカットしファッションのみに目線を向ける方法も、顔出しをしたくない人にはオススメです。

撮影者側のポイントは、とにかく連写することと、背景とカメラを構える体の角度を常に気にしておくことです。連写しているうちに、被写体のほうに目がいってしまい、撮り終わった写真を見ると、背景が斜めになっていることがよくあります。

▶ @ing.cream　歩いている写真を撮ることで、自然な印象に。

▶ @ing.cream　壁の縦線や、床のタイルが平行になっていて◎

何をもって「斜め」と言うかというと、背景の壁に線が入っている場合、その線が斜めになっていないかどうかです。

例えば、タイル調の壁、レンガ調の壁、壁と壁の切り替え部分に線がある壁など、壁に線が入っているものに関しては、その線が平行になるように撮影してください。天井が低い場合も、天井の角が写真の対角線上に沿っているかまで気を配ることができると、画角が整った写真が撮れます。

「そこまで整えなくても」と思われるかもしれませんが、フィード画面で投稿が並んだときの見栄えが全く違いますから、ユーザーからすると「フォローするかどうか」を選択するときの判断材料の1つになります。

❷アイテム詳細写真（着画）

次に、トップスだけ見せたい、ボトムやシューズだけ見せたいなど、商品をクローズアップしてお届けしたいときの撮影方法です。

素材感やシルエットを際立たせるために、背景を極力シンプルにするなど、どのポイントを伝えたいか考えて撮影することはもちろんですが、**パッと見たときに「可愛い！　ほしい！」と思ってもらえる写真の秘訣は、実は小物づかいにあるのです。**

例えば、紹介したいニットがあったとしましょう。1枚で着るだけだとECの商品画像と変わりませんよね。お客様がインスタでほしい商品を見つけるときには、「リアルクローズ感が最重要」とすでにお話ししましたが、日常感をダイレクトに演出できるのがこの小物づかいになるわけです。

アイテム単体のときほど、トータルスタイリングに気を配って撮影すると、参考にしたいと思ってもらえる未来のお客様に出会えます。

▶ @sakikohamayama　トップス着画は、アクセサリーを着用したり、私物を持つことでリアルクローズ感アップ！

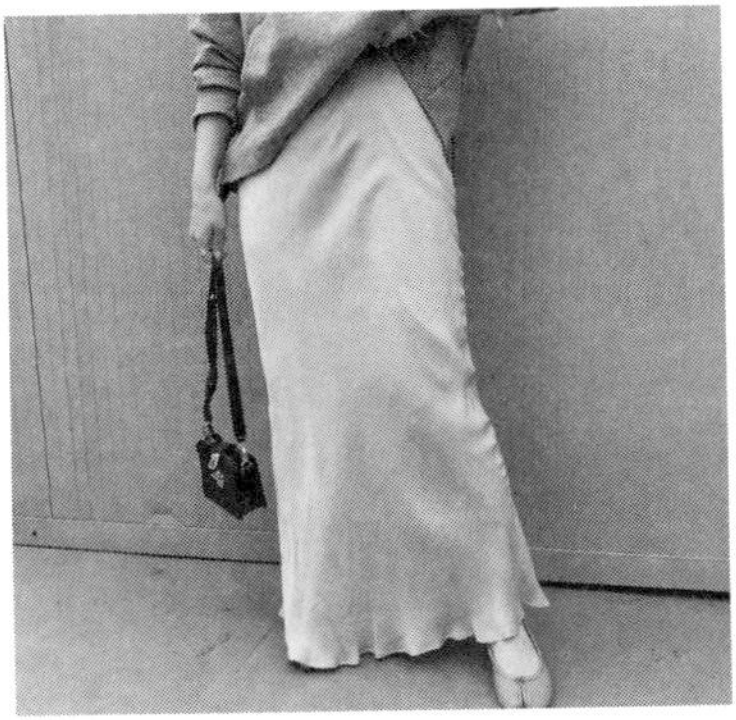

▶ @sakikohamayama　ボトム着画でも、バッグを映すことで日常感を演出できる。

右の写真のように、トップスを見せるときは、レイヤードスタイル（重ね着）やアクセサリー（ピアスやネックレス）の着用、小物（バッグ）をバランスよく追加して、撮影後の写真を見た際に「これはおしゃれ！」と自分で思えるかどうかを合格ラインとしましょう。トップスをアップにした写真を撮る際は、顔は全部入れなくていいので、お客様が自分の着用姿を想像しやすいように、顎から下を写すのがオススメ。

ボトムの着画を撮るときは、加えてソックス・シューズとの合わせ方がポイントです。販売員としておしゃれかどうかの基準は、当然店頭でもインスタの中でも同じですから、店頭のファッションも見直しながら、足元のバランスもチェックしましょう。

9分丈よりも短いパンツやスカートを履いて写真を撮るときは油断禁物です！

❸小物写真（置き画）

続いて、着用以外での一般的な撮影方法として置き画がありますね。

ファッションアイテム類は平台に、シューズは床に並べることが多いですが、**おしゃれに見えるかのどうかのポイントは、置き方以上に背景にあります。**

背景と言うと、「そんなにおしゃれな場所がありません」と困ってしまう方もいると思いますが心配いりません。店舗の平台の上に、ホワイトやベージュ系の洋服を平置きし、その上にアイテム（新品のシューズやアクセサリー）を置いて撮影すると雰囲気のある小物写真が撮れるんです。

私自身様々な場所で撮影に立ち会い、そのたびに背景をどうしようと考えるのですが、実際にその小物を着用するときをイメージして、「このニットには、このアクセサリーを合わせたい」「このアクセサリーをメインに見せたいから、このニットを着る」と、**スタイリングを組むときと同じように、撮影するときの背景も洋服で合わせるとしっくりくるという結論にたどりつきました。**

▶被写体が大きい場合、背景の生地はくしゃっとさせる。

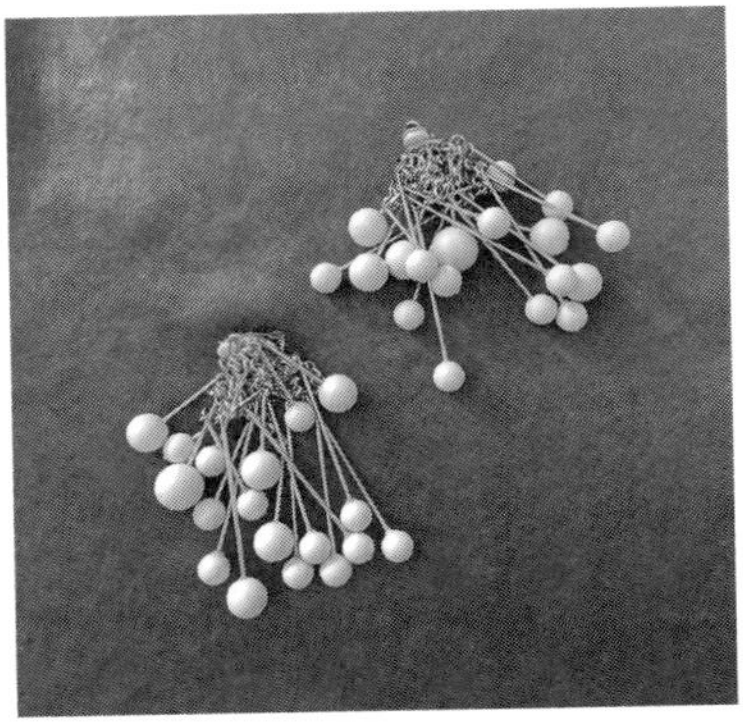

▶被写体が小さい場合、背景の生地はピッタリ広げる。

あくまでも主役は小物なので、洋服は広げて背景として使いましょう。商品の見栄えをよく見せるための「道具」として使用するので、洋服が長袖なのか、半袖なのかといったような「商品」としては認識できなくて大丈夫です。**ポイントは、被写体が大きいサイズ（シューズやバッグ）の場合、薄い素材の洋服をひいてくしゃっとさせるとバランスがよく見えます。逆に小さなサイズ（ピアスやネックレス）の場合は、背景の洋服はピッタリ広げて撮影することをオススメします。**なぜなら、小さなアイテムにくしゃっとした背景を合わせると、視線が分散されまとまった写真に見えないからです。

このさじ加減も日々撮影をしながらつかめてくるはず。インスタで「#置き画コーデ」と検索すると、様々な置き画が見られますから、「このバランスを真似してみたい！」と思える画像を何度も見返し、練習することで上達していきます。

POINT

街中に馴染めば馴染むほど、着こなしセンスが際立つ

13 置き画のプロ直伝「あか抜ける物撮りのコツ」

今回は、いままでたくさんの置き画写真を見てきた中でも、私が「一番真似したい！」と感動したインフルエンサー金山さん（@kanayamataisei）の「置き画論」を掲載させていただきます。洋服を綺麗に撮影するためには、「構図」「加工」「余白」の3つがポイントだとのこと。早速1つずつ見ていきましょう。

❶構図

（1）小物のバランスが最重要！「ジグザグ型」

ベースアイテム（トップス・ボトム・雑誌）を別の角度でジグザグに並べる置き方です。この型は、靴の「角度」でセンスの差がでます。写真の場合は、靴がハイカットスニーカーなので、片足だけ使うことでバランスを取っています。

おしゃれに見える「置き画の構図」3パターン

◀ **(1)ジグザグ型**

ベースアイテムを
別の角度で
ジグザグと
並べる置き方

(2)扇型 ▶

ベースアイテムを
扇のように広げて、
その対角線に
靴を並べる置き方

◀ **(3)広げ置き型**

トップスを広げて
その上にアイテムを
載せる置き方

（2）色味の統一が必要！「扇型」

ベースアイテムを扇のように並べ、その対角に靴を並べる置き方です。アイテムを同じトーンの色でまとめると、バランスよく見えます。こちらも靴の置き方でクオリティに大きな差が出ます。写真のように紐がついたシューズは、紐を無造作に広げることがポイントです。

（3）アイテムの配置が重要！「広げ置き型」

トップスを広げて、その上にアイテムを乗せる置き方です。アイテムが左下に寄って、右上に余白が大きく空いているので、一見バランスが悪そうに見えますが、フィード画面（投稿一覧）で見たときには、よいアクセントになりながらも馴染みやすい配置です。

❷加工

撮影は、iPhoneのノーマルカメラを使用。

写真アプリは使用せずに、インスタの「加工機能」を調整するだけで、こんなにおしゃれな写真になるとのこと！　本物の素材感や色味が損なわれないように、極力加工はしないのがポイントです。

（1）【プロフィール画面】にある新規投稿の【＋】マークから【投稿】を選択する
（2）投稿写真を選択したら、右上の【次へ】を選択する
（3）【編集】をタップすると、加工一覧が表示される
（4）【明るさ】【ハイライト】を40〜50に調整する
（5）最後に、【コントラスト】【彩度】を−10〜−5にするなど微調整を加える

❸余白

画面に広がりや開放感を出すために、わざと余白をつくります。「❶構図」でご紹介した「ジグザグ型」「扇型」「広げ置き型」の写真を見返していただきたいのですが、**アイテムの周りに均等に余白を持たせることで、写真が立体的に、あか抜けて感じられるはずです。**

このように、開放感を生み出すことも、画面サイズの小さいインスならではのテク

ニックですね！

いかがでしたか？　すぐに真似できるノウハウがたくさんでしたね。金山さん、本当にありがとうございました。

ご本人のインスタ（@kanayamataisei）では、おしゃれなライフスタイルのコツを発信されています。洋服の置き画以外にも、スタイリングの組み方や写真の撮り方、文字入れの方法など、インスタで発信していくうえで「お手本」になる存在ですので、ぜひチェックしてみてください。

POINT

美しさの黄金比は「明るさ40～50」「ハイライト40～50」

14 撮影してくれる人がいないときの対処法

スタイリングやアイテムの着画を撮りたいけれど、撮影してくれるスタッフがいない……。少ないスタッフで運営している店舗ではそういった状況も多いと思いますが、**そんなときに実践していただきたいのが、店頭やフィッティングルームの鏡を使った「鏡越し撮影」です。**

ポイントは、あなたのスマホをアクセサリーのように、ファッションの一部として撮影することです。ファッションの一部としてというのは、「ただ鏡越しにスマホで撮影した」という写真ではなく、スマホケースがスタイリングにハマるおしゃれなもの、あるいは何もつけないシンプルな状態か、少し顔を隠すようにスマホを構えるポーズが自然にできているか、など「スマホを持っているほうがおしゃれ」といった状況を自分でつくり出すという意味です。

鏡越し撮影は顔が隠れる分、ネイルやリングなど手元に目線がいくので、アクセサリー類を紹介したいときにもオススメです。

鏡越し撮影では全身を写さない

NG写真の代表例として、エレベーターの鏡でスタイリング撮影をしている写真を見かけたことはありませんか？　NGポイントは、全身を写そうとしているということ。スマホを傾けてつま先まで写そうとすると足が短く写り、全体のバランスが悪くなります。さらに、薄暗くて洋服もよくわからないうえに、スマホがアクセサリーにもなっていない……、という残念な状況になってしまいます。

それをどのように改善するかというと、**全身を写そうとせず、膝上までの上半身メインで撮影することです。あるいは全身コーデの雰囲気を伝えたいときには、ぜひ鏡の前でしゃがんだり、椅子を置いて座ったりしてみてください。**すると、こなれ感が出ておしゃれな写真に仕上がります。

▶ @nanae_　鏡越し撮影では、膝上までの上半身をメインに写すようにする。

▶ @sakikohamayama　鏡の前でしゃがんで撮ると、おしゃれな印象に。

全身のスタイリング写真を1人で撮りたいときには、目線の高さで撮影できる三脚を使ってセルフタイマーで撮影するという選択肢もあります。

POINT

スマホケースや指先まで、入念にチェックしておこう

15「引き算の加工」をマスターしよう

写真がバッチリ撮れるようになったら、次は加工です。

フィルターの入ったアプリでいつも撮影をしているという方は、**今日からアプリの使用を一切控えましょう。なぜかというと、フィルターがかかると画質が落ちるうえに商品の色味が正しく伝わらないからです。**

白でも真っ白なのか、アイボリーのような色味なのか、黒でも漆黒のような黒なのか、ネイビーに近い黒なのかというように、「カラー表記だけでは、色味がわからない」といったことを不安に思うお客様はたくさんいます。

そこで、インスタ上では「いかに実物の商品と近い色味で、かつ素材感が伝わるか」を重視してほしいのです。そのときに大事なのがライティング。室内で撮影するときには蛍光灯の光が入る場所で撮影をしましょう。

白熱灯の場合は黄身がかって見えますから、日が昇っているうちに外での撮影をオススメします。スマホで写真が撮れた後は、以下の手順で明るさを調整します。

(1) スマホに初期設定されている【編集】から【露出】を選択して、白飛びしない程度に光を取り込む
(2) 同じく【編集】から【シャドウ】を選択して、影を少し加える
(3) 同じく【編集】から【ブリリアンス】を選択して、明るさを均一にする

すると、普段の写真が、見違えるほど「インスタ写真」に生まれ変わるのです!!

この3つの調整をしても、影が多いなどなんだかしっくりこない場合は、元々の写真に原因がありますから撮り直しましょう。

ただし、(3)【ブリリアンス】を入れると、実際の色と若干乖離することがあります。その場合、インスタは1投稿に10枚まで画像を掲載できるので、**1枚目は目を惹くような見栄え重視の写真（雑誌の表紙をイメージ）、2枚目以降は明るさを調整する程度の自然さ重視の写真を載せる、という見せ方をオススメします。**

真上から撮影した際の影をなくす方法

さて、きっと撮り直しに至る原因で一番多いのが、真上から商品を撮影したときに、影が映り込んでしまう問題ではないでしょうか。

そんなとき覚えておいてほしいのが、「影をズラす」方法です。早速一緒にやってみましょう。

（1）スマホを構えて商品を真上から撮るときの姿勢をとる。机や床とスマホの角度が水平になっていることがポイント

（2）その際に、商品に自分の影が入ってしまったら、「影をズラす」方法で再撮影

（3）影を避けるためにスマホを斜めに構えるのはNG。スマホを商品に対して、平行にしたまま手前に引く。このとき商品は動かさないこと

（4）影が商品の下にきて、本来は真ん中にあるはずの商品が画面の上にきたら、切り落とし機能を使って、影を切り落とす

写真に入り込む「影」のズラし方

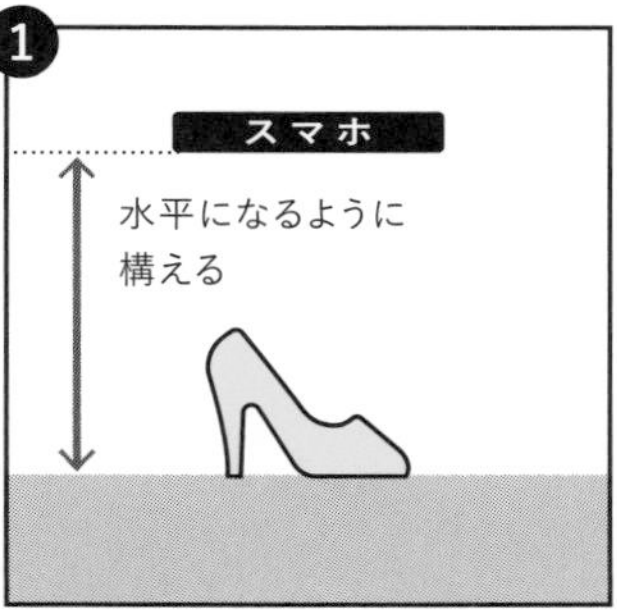

商品の真上にスマホを構える。
机とスマホは水平にするのが
ポイント。

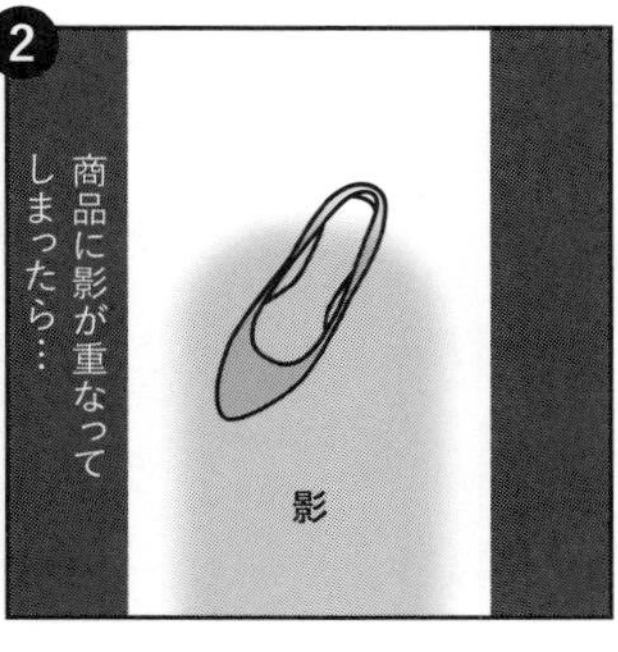

商品に影が重なってしまったら、
再撮影をする。

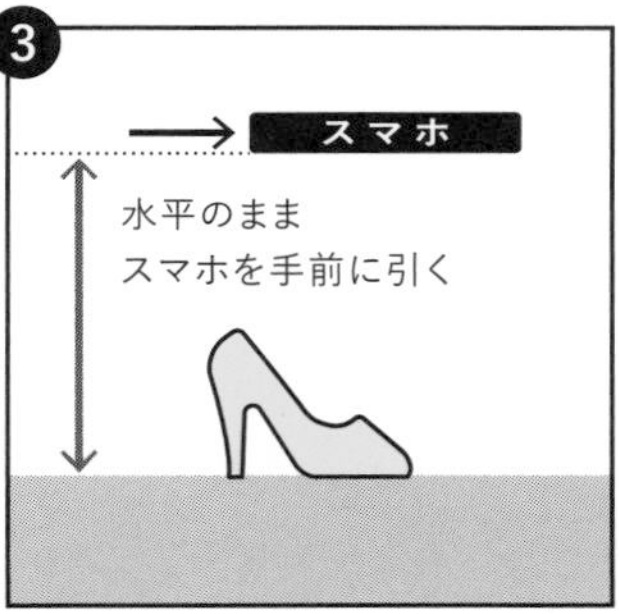

影を避けるためスマホを
斜めにするのはNG。
スマホを机と水平のまま手前に引く。

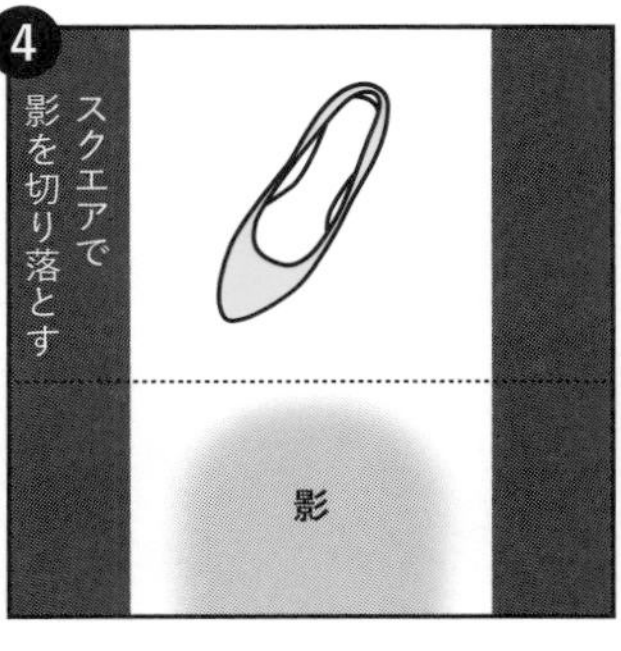

影が商品の下にきて、
商品は上にきたら、影を
【スクエア(正方形)】で切り落とす。

このように、商品にさえ影が当たらなければ、インスタ写真用の正方形にリサイズする際に切り落とせばいいのです。

そのためにフルスクリーンで撮影をしているのですから。

その後、先ほどの明るさ調整の３つの機能で補正すれば完了です！

POINT

三種の神器は「露出」「シャドウ」「ブリリアンス」

16 短時間でおしゃれに仕上がる「文字入れ加工」

写真・加工のテクニックもマスターできたら、最後は文字入れです。文字が入ったインスタ画像を、最近とても見かけるようになりました。一見大変そうに見えますが、簡単に入れられる方法があるのでご紹介しますね。

❶インスタのストーリーズで文字入れする

（1）【プロフィール画面】にある新規投稿の【＋】マークから【ストーリーズ】を選択

（2）その場で写真を撮るか、写真フォルダから文字入れしたい写真を選択する

（3）【Aa】マークをタップして文字入れし、【完了】を選択し、【↓】マークを押すと写真フォルダに保存される

ストーリーズを投稿するとき、文字を入れてそのままストーリーズで発信するという使い方が一般的ですが、**フィード用の画像をストーリーズで文字入れし、画像として保存したものを投稿で使用することもできるのです。**

❷Phontoを使って文字入れする

いまや、文字入れ加工しているインスタユーザーのほとんどが使っている、無料写真文字入れアプリ「Phonto」。私も以前は違う文字加工アプリを使っていましたが、Phontoの使いやすさとフォントの多さ、色やデザインが変幻自在にできる機能性の高さに魅了されて、最近はもっぱらPhonto派になりました。私のオススメフォントは「ヒラギノ明朝体」と「ヒラギノ角ゴシック」。ちょっとした工夫でつくり込んだコンテンツに見せることができるので、ぜひ試してみてください。

文字を入れる理由って？

もしかすると、「なんのために写真に文字を入れるの？」と疑問に思った方もいると思うので、補足すると、投稿に目がいきやすくなるからです。

文字入れが流行らなかった時代の発見タブでは、「写真のうまさ・モデルの可愛さ・おしゃれさ」という3拍子がなければなかなか投稿を見てもらえませんでした。それが、文字入れ加工の登場によりおしゃれな写真でなくても、目を惹く文字（タイトル）によって、たくさんの方に見てもらいやすくなりました。

これから、鍛えておくべき力の1つとして「キャッチコピー力」が挙げられます。

文字入れをするときには、その投稿であなたが一番伝えたい言葉を入れることからはじめてみてはいかがでしょうか？　もちろん、自分が言いたいからではなく、「GIVEの視点」で考えてみましょう。

POINT

タップする基準が「インスタ映え」から「コンテンツの質」へ

17 このルーティーンならば、無理なく続けられる

ここまで発信力を鍛えるために、ファッションインフルエンサーの「プロフィール文・投稿内容・投稿写真」を参照しながらお話ししてきましたが、最後が「更新頻度」です。「毎日写真を準備できない」「毎日投稿ができるか不安」、そういった販売員さんも多いと思うのですが、撮りだめでOKです。

理想の更新頻度は1日1投稿。例えば、週に一度、7投稿分の企画を考えて、その企画に沿ったスタイリングで写真を撮ります。その後、インスタの「下書き機能」を使って、投稿の準備をしておけば、1日で7日分の投稿が用意できるのです。

ここでいう「企画」は、スタイリング提案です。この大枠を固めることで、あなたの投稿を参考にしたいと思ってくれるお客様が増えます。

何も考えずに7投稿分のスタイリングを考えるのと、企画を考えたうえでスタイリングを組むのでは、実はお客様への伝わり方が全く違うのです。

「リアルクローズ感」というのは、あらゆるシーンから生まれます。

雑誌の目次、インスタの文字入れ投稿も参考になりますが、**一番はあなたが日々の接客の中で、「この服はこんなお客様に提案したい」と思える内容を企画にすること。**例えば、「無地派の人にも一着オススメしたい柄トップス」「初心者でも挑戦しやすいセットアップ」「着回し重視の方へ向けたワンピース」「脚長効果を叶えるボトム」「時短派さん必見のノンアイロンシャツ」「リラックスしながらおしゃれが叶うコーデ」「週3で着られる速乾アイテム」など、商品軸やスタイリング軸でお客様の興味を惹きそうな企画を考えてみましょう。

考え方としては、Chapter 03で決めるあなたのコンセプトに沿って、あなたと同じような境遇のお客様がどういったことで悩んでいるか、あるいは、どんな服があれば毎日がもっと楽しみになるのか。そういった視点で商品を選んだり、スタイリングを組むことが、そのままあなたの「企画」になるのです。

タイムスケジュールを考えよう

ここで決めないといけないことは、「撮影の時間」と「タイミング」。

企画を考える時間は、店頭接客をしながら、「この服はこんな人によさそう」「こういう提案で売れた」という日々の接客での気づきを、インスタ発信用にメモで残しておきましょう。撮影時間は、一度試着をして撮影するのに何分かかるかを計り、それを7回すると考えたときの時間を計算して、1日の出勤前・休憩時間・退勤後の中で撮影が完了するのか、あるいは2日に分けるのかなど、先にスケジュールを立てたうえで撮影に臨むと、日々の負担になることもないと思います。

毎日の休憩時間に1投稿分を撮影して、その日に投稿するというスタイルもいいですが、個人的には、**週に1日か2日撮影用の時間を取り、先に投稿準備を全て済ませて、毎日発信時間にワンボタンで投稿完了といった形が負担もかからず続くコツだと思います。**

その際に役立つ「下書き機能」の手順をお伝えします。

便利な「下書き機能」の使い方

（1）【プロフィール画面】にある新規投稿の【＋】マークから【投稿】を選択
（2）投稿する写真を選択し、右上の【次へ】を2回選択
（3）キャプション（投稿文）を入力し、右上の【OK】を選択
（4）通常は右上の【シェア】をタップするところを、左上の【＜】を2回選択し、【下書きを保存】を選択して、下書きは完了
（5）投稿する際には（1）から【下書き】に表示されている該当写真を選択し、【次へ】を選択し、右上の【シェア】で投稿完了
（6）下書きを削除するには、（1）から【管理】を選択し、【編集】を選択し、削除したい写真を選んで【投稿を廃棄する】を2回選択

ぜひ、あなたも下書き機能を活用してみてくださいね。

出勤時間内はなかなか難しいという場合は、出勤前に早く来て撮影をするか、退勤後に撮影をするといったような形で自分から時間をつくりましょう。

未来の種まきのために必要な時間を自分でつくることも、指名される販売員になるためには必要な投資です。

POINT

写真だけ撮りだめておき、毎日帰り道で投稿してもＯＫ

Chapter 03

目指すべきは、憧れの人よりも〝会いたくなる人〟

18 「ファッションインフルエンサー」と「販売員」の違いって？

さて、ここではChapter 02で例に挙げてきた「ファッションインフルエンサー」と販売員のインスタ活用の違いについてお伝えします。

一番の違いは「フォロワー数を大きく伸ばすか伸ばさないか」です。

つまり、**不特定多数の方へ向けての発信か、店頭で出会ったお客様と繋がるためなのかといった、「目的」が違います。**

ファッションインフルエンサーたちは、販売員のようにブランドに所属していませんが、たくさんのファンに囲まれるためのマーケティング施策として、日々のスタイリング発信を重ねています。

最終的に自身のブランドを立ち上げたり、オンラインサロンなどのコミュニティを形成したり、集めたフォロワー数に対する単価でＰＲ投稿をしたり、いわば「副業・独立」のために、日々相当な時間をかけて発信している方々のことを言います。

一方で、販売員は「不特定多数への影響力」ではなく、店舗であなたから購入してくれたお客様と、退店後も繋がり続けることが一番の目的です。

そして、インスタは販売員のあなたをブランディングしていくためのツールになります。そのため、**販売員は大きくフォロワー数を伸ばす必要はありません。それよりも大切なのは、また会いに来てくださる可能性を自分でつくること。店頭に立つ時間を有意義な時間にするために、自ら環境を整えることです。**

先ほどお話ししたように、たくさんのファンを集めたインフルエンサーの方も最終的には、無料のファン（不特定多数のフォロワー）の中から、課金してくださる有料のファンをつくるといった「コアファン」を形成するための動きに入ります。

つまり、たくさんのファンを集めた中から、購買に繋がる人を探すのがファッションインフルエンサーである一方で、**販売員のあなたは、最初から「見込み客」といった「コアファン」と繋がれます。**

これは、現場の販売員さんの特権です。店舗があることに改めて感謝しながら、今後はその先の再来店へ自ら繋げ、毎日の接客が「顧客様」で囲まれるようにインスタを活用しましょう。

まず、本書の内容通りに実践し、「販売員としての個人アカウント」をつくり上げてください。無事完成し、「もっと新規のお客様とインスタで出会いたい！」「インスタの中で影響力を高めていきたい！」となった場合は、Chapter 06にその方法が書いてありますから、土台が整ったうえで参考にしていただけたらと思います。

ただし、あくまでも販売員のあなたが未来に備えてやっておくべきことは、発信を続けてお客様に指名されることですので、目的を間違えないようにしてくださいね。

「フォロワーを増やすこと」が目的ではなく、「指名される販売員として成長すること」、それがインスタで発信する一番の理由です。

POINT

全てのフォロワーが、あなたにとっては「見込み客」

19 アカウントのコンセプトは、「あなたらしさ」で決まる

ここまでいかがでしたでしょうか。少しずつ、これから何をすべきかが固まってきたのではないかと思います。ここからは、セルフブランディングについてです。

あなたをインスタで見つけたときに「こういう系のジャンルの人ね」と知らない方にもひと目でわかっていただけるよう、アカウントのコンセプトを位置づけていく必要があるのです。**数ある販売員のアカウントの中で、さらには同じブランド内でも、自分をどうジャンルづけ、見せていくか。きちんとセルフブランディングを行わないことには、お客様に選んでもらえません。**

つまり、あなたをフォローすることで、どんなファッション情報が受け取れるかを先に固める必要があります。

ここからあなたのイメージを一緒に固めていきましょう！

❶あなたの身長

155センチ以下 低身長／155～160センチ 一般的／165センチ以上 長身

まずは、身長を客観的に見ます。このような平均的なくくりの中で、自分はどこに当てはまるかを考えてみましょう。

特に、155センチ以下の人は「パンツの丈が長い」「ロングアウターの丈が長い」「標準サイズが合わない」ということや、165センチ以上の人は「袖が短い」「肩周りがきつい」「裾が短い」などの悩みを持つお客様も多いので、あなたの身長が武器になります。

❷あなたの体型（洋服の着用サイズ）

5号・XSサイズ 痩せ型／7号・Sサイズ 細い／9号・Mサイズ 標準／11号・Lサイズ以上 ふくよか

このような感じでどれに当てはまるかを考えます。先ほどの身長と組み合わせると、より共感を呼び「濃いファン」と出会える可能性が高まります。

❸自分の身体で誇れるポイント・コンプレックス

●誇れるポイント　ウエストが細い（なくてもＯＫ）

●コンプレックス　脚が短い（あればあるほど◎）

誇れるポイントはなくてもＯＫ。一方コンプレックスはあればあるほうがいいです。お客様にとって役立つ情報を発信できる可能性を秘めています。

❹何色系の服を着ることが多いか

アースカラー／ベージュ系／モノトーン／パステルカラー／ビビットカラー　など

❺ファッション系統が近い雑誌（**所属ブランド内のあなたの着用テイスト**）

●mina系（カジュアル・カメラ女子系）

●mer系（カジュアル・古着系）

- リンネル系（シンプル・北欧系）
- with系（きれいめ・パステルカラー系）
- GINZA系（モード・デザイナーズ系）
- FUDGE系（トラディショナル・デザイナーズ系）
- VOGUE系（トレンド・ラグジュアリー系）

たくさんの雑誌がある中で、右記のファッション系統を言語化してみましたが、自分のファッションが雑誌だとどのポジションに位置するか、感覚でもいいので考えてみましょう。

雑誌は本来、「年代×テイスト」で分けられていますが、年代関わらず自分はどのファッション系統に近いのかを客観視しておくことが大切です。

インスタで多いのは、右記の系統ではなく、本書でも例に挙げた「UNIQLO・GU・ZARA」の「プチプラ・コスパ系」か、少し高いけど長持ちする「LOEWE・CELINE・JIL SANDER・Maison Margiela」あたりの小物をシンプルコーデに合わせて紹介する「シンプル・デザイナーズ系」のファッションインフルエンサーです。

このようなインスタで流行っているファッション系統は、すでに量産されすぎているのでそこを狙うよりも、❶〜❺のあなたの情報からアカウントのコンセプトを固めたほうが、むしろ埋もれません。**所属ブランドのテイストではなく、所属ブランドの中でのあなたの着用テイストと、コンプレックスを感じさせないスタイリングを考えることで、むしろ強力なコンテンツに生まれ変わるのです。**

コンプレックスこそ最強のコンテンツ

あなたの発信するファッションテイストを固めることで、同じようなテイストが好きな方が集まります。**そのうえで、コンプレックスは誰かの悩みも一緒に解決できるので、実は今回一番必要な項目なのです。**例に「脚が短い」と書きましたが、その他にも、「肩幅が広い」「幼く見える」「背が低い」など、あればあるほど同じ悩みを抱えるお客様の気持ちを代弁して、発信することができるのです！

誇れるポイントばかりのお客様は何を着ても似合ってしまうので、インスタで着用画像を見るときは、スタイリング全体の雰囲気しか確認しない一方で、コンプレックスを抱えるお客様は「自分の気になる部分が、この洋服を着ることでどう見えるのか」ということを重要視しますから、そこを事前に教えてあげましょう。

同じ悩みを抱えるお客様たちの「こんなに似合う服に出合えて嬉しい！」を探すお手伝いをインスタですることで、共感者に出会えます。

それが、これからあなたが指名され、担当することになる「未来のお客様」です。

ここまで棚卸ししてきた自分のテイストについては、身長・ファッションテイストを、プロフィール文に記載し、パッと見てわかるようにしておきましょう。

コンプレックスをそのまま書くのではなく、例えば「**身長152センチ。小ささを感じさせないきれいめカジュアルが得意です**」というように、「フォローすると、どんな着こなしが叶うのか」という点をお客様目線で考えることが必要です。

あなたもぜひ、左ページに用意したワークに沿って、ここまでの内容を可視化してみてください。

“コンセプト”が明確になる書き込み式WORK

Q1 ▶ 客観的に見たあなたの身長×体系は？

(例) 150センチの低身長で、9号・Mサイズの標準体型

Q2 ▶ 上記のあなたの容姿で、コンプレックスはある？

(例) かっこいい着こなしがしたいのに、低身長のためキマらない。

Q3 ▶ 普段着用する洋服は、何色×どんなテイストが多い？

(例) モノトーンな色味が好きで、GINZAのようなモード系が多い。

Q4 ▶ Q1〜Q3を元に、プロフィール文をつくってみよう！

(例) シンプルなモノトーンコーデが好き。150センチ。
モード誌のようなスタイルを日々更新します★

インスタのプロフィール文は150字までなので、目で見ただけではすぐにわからない内容を厳選して書く必要があります。

例えば、ベージュ系コーデを発信している場合、フィード画面を見ればすぐにわかります。すると色味を書くより、身長や「他のベージュ系コーデの人の発信と何が違うのか」を明記したほうが、フォローするメリットが見つかりそうですよね。

「所属ブランドならではの強み」と「あなたならではの強み」から考えましょう。

そして、コンプレックスに関しては、投稿文で補うことがポイント。低身長さんでも、サイズ感が絶妙なパンツが入荷した際に、**「いつもならお直ししないと履けなかったのですが、低身長さんでもジャストサイズで履けるパンツが入荷したのでオススメです!」**というように、自分の悩みを伝えたうえで、「同じ体型の方へぜひ!」とアプローチしてみましょう。

POINT

「あなたらしさ」と「所属ブランドらしさ」はイコールではない

20 新しいお客様と出会える「4つのハッシュタグ」

プロフィール文やアカウントのコンセプトが固まれば、次は投稿内容を考える段階なのですが、**何と検索すればその投稿にたどり着くのか（検索流入）まで先に考えておくことで、店頭で出会ったお客様以外に、新規のお客様（インスタユーザー）にも情報を届けることができます。**

それが、ハッシュタグの活用です。今回は、販売員であるあなたが必ず入れておくべきハッシュタグを4つ厳選しました。それぞれお伝えしますね。

❶所属ブランドの関連ハッシュタグを仕込む

まずは、所属する「ブランド名」です。

当たり前に思うかもしれませんが、**しっかり「英語」「カタカナ」どちらも入れて**

いますか？　また、ブランド名が長く、世間では略称で親しまれれるようなブランドにお勧めの場合、その略称も必ず入れてください。

「英語・カタカナ・略称・ミックス（日本語と英語混じり）」など、あらゆる角度からブランド名のハッシュタグを仕込んでおく理由は、あなたを見つけてもらうのに一番可能性があるキーワードが「ブランド名」だから。

例えば、「#ベージュコーデ」だと、抽象的すぎる分競合が増え、他ブランドの販売員どころかファッションインフルエンサーと同じ土俵に立つ状況になりますので、ダイレクトに見つけてもらえる「ブランド名」を最大限活用しましょう。

❷施設のハッシュタグとタグ付けを仕込む

また、**百貨店や商業施設内の店舗へお勧めの場合、その「施設」のハッシュタグとタグ付けも仕込んでおきましょう。**

ブランドが好きというよりも、その施設が好きといった「館買い」の方々もカード会員様には多いですから、買い物の下見として施設名をハッシュタグ検索している可能性が十分にあります。

あなたのブランドが入っている商業施設を検索しているということは、あなたの未来のお客様になる確率が高いということです。その商業施設ユーザーであるお客様に、あなたの存在を知ってもらうことで、お会いするきっかけを高確率でつくれます。

❸勤務地エリアを仕込む

次に必要なのは「エリア」です。

例えば、表参道勤務のスタッフであれば、表参道のお店やカフェ内で、スタイリング写真を撮り、エリアの関連ワードや撮影店舗の名称をハッシュタグで入れましょう。

なぜなら、たまたまそのカフェに行きたいと思って「#表参道ランチ」「#表参道カフェ」あるいは、店舗名をハッシュタグ検索した人が、あなたの投稿に出合い、そこからプロフィール画面へ飛んで来てくれる可能性をつくれるからです。

「ここのブランドのスタッフさんなんだ！　発信するファッションも参考になるし、このカフェへ行った後に店舗に寄ろうかな」と、思わぬところから知っていただくきっかけになります。

休日に所属ブランドのアイテムを身につけてお出かけすることは、販売員さんにとって珍しくないと思うのですが、**遠出先のスポットで撮影するよりも「勤務店舗の最寄駅から、勤務店舗までの道のり」の範囲にあるスポットを選びましょう。**

「休日にあまり出勤ルート付近で遊びたくないな」と思った方もいるかもしれませんが、その近辺は、来店する可能性のある方々の庭でもあるわけです。

店舗と自宅の往復になりがちな日常ですが、未来の種まきと思って、お客様が好きそうな場所へ自ら足を運び、おしゃれな内装のお店や、最近できた人気のお店でもスタイリング写真を撮ってみましょう。新たなお客様との思わぬ出会いに繋がるはずです。

❹お客様のWISHリストになるように、買い替えアイテムを仕込む

家にいる時間が増えると、身の回りのものを整理したくなりませんか？　ベーシックアイテムの買い替えや取り入れを検討するお客様も、この時期だからこそ増えることが想像できます。そんなときに重要なのもハッシュタグ。

例えば、定番アイテムを発信するときには、「#タートルニット」「#トレンチコート」「#白Tシャツ」「#デニムパンツ」のようにアイテムのキーワードになるハッシ

ユタグを付けましょう。

企画を考える中で、「そろそろトレンチコートを探す方が増えるだろうから、来週はトレンチコートをアップしよう」というように、「これからの時期にお客様が何をほしがるだろうか」ということをスタッフ同士で考えてみたり、空いた時間に各自お客様になったつもりで「次にほしいものは何か」を考えながらインスタで検索し、トップの投稿はどのような見せ方をしているのかもぜひ研究してみてはいかがでしょうか。

このように、「検索流入」を考えて、先に仕込むハッシュタグを決めておけば、「何を発信するか」といったことが自ずと決まります。

いままで何を発信したらいいのかわからなかった場合も、❶～❹のハッシュタグを使って、未来のお客様に見つけてもらうための投稿を作成してみてください。

POINT

「ファッションインフルエンサー」とは同じ土俵で戦わない

21 磨いてきた接客トークは「投稿文」で伝えよう

プロフィール文が仕上がり、投稿写真も無事完成しましたが、もう1つ重要なことを忘れていませんか？ それは、投稿文です。インスタは画像共有のSNSなので、「投稿文ってそんなに重要ではないのでは？」と感じる方もいると思いますが、実はかなり重要な要素なんです。

ファッションインフルエンサーと大きく差別化できるのが、この投稿文です。毎日接客しているからこそ伝えられる接客トークは、投稿文で発揮していきましょう。

まず大事なことは「必要最低限の情報を全て先に出しているか」ということです。**お客様が疑問に思うだろうなというポイントを先にお伝えすることは、実は売れる販売員の接客と同じ。**

接客では、お客様が店内を見て歩いているときにタッチした商品、歩く速度が遅くなったタイミング、お話ししたときの表情、ご本人のファッションや体型など、視覚で察することもできれば、ヒアリングしながら「おそらく、ここを迷っているんだろうな」と検討中のポイントを見つけ出すこともできます。

しかし、インスタではお客様が特定できない分、スマホ越しのお客様が感じている「本当はここが聞きたいのに、情報がないからわからないんだろうな」と思う内容を、私たちが先に予測して伝えてあげる必要があるのです。

情報は先出しが必須

私がインスタで発信するときに、一番気をつけていたことは「見てくださった方にGoogleで二重検索させない」ということ。これは、お客様視点で考えたときに、わざわざ自分で検索するのは大変だと考えたからです。

私がインスタ運用をスタートした2017年の夏。当時、お出かけアカウントを発信している方々は、スポットやカフェの詳細を書いていないパターンが多く、アップされた投稿を手がかりに、お店がどこにあるのか、さらにはオープン時間や定休日などを調べていました。わざわざ自分で探さないと情報として成り立たない点を解決したいと感じ、私は自然と事細かに情報を調べてからそれらを整理したうえで、投稿するようになったのです。

すると、エンゲージメント率（投稿に対するユーザーの反応率）は劇的に伸びました。保存数の伸びはもちろん、数年前の投稿でいまだにトップ投稿に残っているものは、閲覧数が伸び続けているため、新しいインスタユーザーへ届いています。

販売員も同様に、1つのコンテンツにしっかり時間をかけて、必要な情報を盛り込むことが、誰かの悩み解消や、検索する時間の短縮に繋がり、結果的に長く参考にしていただける投稿ができ上がるのです。

アパレルブランドのチェックポイント

アパレルブランドの場合、「事前に書いてあげると親切だよ」というポイントをお伝えしますね。それは、**「商品の基本情報」と「自分ごと化できる情報」の2軸で説明するということです。接客でもインスタでも売るためには必須の内容です。**

❶「商品の基本情報」 金額・色展開・サイズ展開・素材など

¥34,000-(+tax)/ホワイト・ブラック・ピンク/S・M/ウール100%
ニットは肌触りが大切ですが、このニットは素肌の上に直接着てもチクチクしない滑らかな素材なんです。自宅で手洗いもできて、クリーニングの心配が不要というのも嬉しいポイント!

商品情報である「金額・色展開・サイズ展開・素材」は必ず明記。合わせて、お客様の悩みポイントである「着心地」と「購入後のお手入れ方法」も紹介すると、あなたの販売員としての信頼度がアップします。

今回は素材が滑らかなニットを想定して紹介しましたが、実際はごわごわするといった乖離があると、クレームになったり、あなたの信頼を失うことになりますから、「デザインはかわいいけど、ちょっとごわつく」と感じるニットをどうしても紹介したいときは、着眼点を変えて商品のよさを提案しましょう。

素肌での着用がお好きな方へはあまりオススメしませんが、ヒートテックなどを着ていただける場合は問題なくご着用いただけるので、このデザインにひと目惚れしてくださった方には、ぜひご着用いただきたいです！

❷自分ごと化できる情報

（1）身長別の着丈

Sサイズを着用しました。普段はMサイズを着ることも多い、身長155センチで標準体型の私ですが、このニットは伸縮性もあり比較的ゆったりしていたのでSサイズをチョイス。ゆったりしたサイズ感で着たい方は通常サイズで、ジャストサイズがお好みの方はサイズダウンしてもいいかと思います。

このワンピースは、155センチの私で膝丈なので、160センチ以上の方だと膝が見えるぐらいの丈感です。

（1）のニット事例のように、絶妙なサイズ感や、（2）のワンピースの着丈がわからない、ボトムの股下の長さがわからないといった「着丈問題」にお悩みな方へ向けて、**「私が着用するとサイズ感はこうなります」という「代替え試着」のような視点で投稿を。自分の体型以外のお客様にも参考になる情報を加えるとなおベストです。**

（2）色別の着回し

定番のホワイト・ブラックも買い足しアイテムとして着回し力抜群ですが、ベージュ系のボトムをよく合わせられる方は、淡いトーンで爽やかな着こなしに見えるピンクがオススメです。

「どの色が似合うか検討したい」「販売員さんのオススメの色も知りたい」という方に向けて、各色での着回しスタイリングを画像で提案しながらも、**投稿文ではあなた自身は何色がオススメなのか。また、どんな人にはどの色が向いているのかを伝えてあげましょう。**

（3）アイテム別の着回し

デニムスタイルが多い方は、スタンドカラーのロングシャツを重ねて「おしゃれ上級者感」をプラス。Aラインのロングスカートやワイドパンツの着こなしが多い方は、レイヤードせず、タックインしてスッキリと着こなすスタイリングがオススメです。そこまで肉厚なニットではないので、ボトムを選ばず、何通りもの着こなしが楽しめる万能ニットです。

「自分の持っているアイテムとの相性がいいか知りたい」という方に向けて、レイヤードできるゆとりがあることをお伝えしたうえで、**デニムでもおしゃれに見える着こなしができること。一方で、ボトムに重心を置いたAラインスタイルでもすっきり着こなせるニットであることを書きました。**このような「スタイルの選ばなさ」から「万能ニットである」と投稿文でもお伝えできます。

さて、ここまで、目の前にない「架空のニット」を提案してみましたが、どんな商品かイメージできたのではないでしょうか。
投稿文は、販売員のあなたがプラスαで力を発揮できる場所。テキストで補足できたら十分に店頭接客の代わりになります。あなたらしいカジュアルな口調でお客様へ語りかけるように書いてみてはいかがでしょうか。

POINT

大切なのは、試着した人にしかわからない情報

22 「ブランドのお客様」を「あなた自身のお客様」へ

お客様に対して、「新規のお客様」と「既存のお客様」といった認識はありますか？　ここでお話しする新規と既存とは、ブランドにとってではなく、あなたにとっての話になります。

例えば、店頭に立っていると、1人のお客様がふらっと立ち寄られました。お話しする中で、「このブランドが大好きで、よく買うんです」と言われたとします。**この場合、ブランドにとっては既存のお客様ですが、あなたにとってははじめましてのお客様ですから、「新規のお客様」になるのです。この選別を自分の中でできているかがこれからとても大事な視点になります。**

今回のお客様で言うと、元々ブランドのファンであるならば、あなたにとって大チャンス。お客様を観察しながら、このブランドに何を求めているのか把握しましょう。

例えば、同じブランドでも、シンプルなテイスト、デザインの効いたテイストのどちらがお好きなのか。アイテムはボトムが特にお好きとか、サイズ感が気に入っているとか、**そういった細かい好みに気づいて提案することができれば、今後もあなたに選んでもらいたいと思っていただけます。**

その後、もし、ご指名のスタッフがいなければ、あなたのインスタをお知らせしましょう。「**こういった商品をご紹介していて、〇〇様のお好きそうなテイストにも近いと思いますので、ぜひよかったら**」と。

そのときにフォローするかどうかの判断材料になるのが、インスタのプロフィール画面。更新頻度や写真のクオリティなどで「あ、インスタは大丈夫です」とお断りされないように、コツコツつくり込んでいきましょうね。

POINT

そのブランドを好きな理由・求めている点は十人十色

23 インスタをお知らせする絶好のタイミング

すでに店舗アカウントや個人アカウントを使っている方は、お客様へ向けてどのようにインスタをお知らせしていますか？

レジ前に「インスタで情報発信中」というようなPOPを置いている店舗をよく見かけますが、POPを置くだけでは正直効果はありません。「アカウントをフォローすると、商品が5％オフ！」というようなキャンペーンをしている場合もいますぐやめましょう。投稿内容がお客様にとって有益でない場合は、値下げのためにフォローをしていただいても結果すぐに外されてしまい、何の意味もないからです。

今後はあなたとお客様のこれからの関係を構築するために、「人と人との繋がり」を意識してアカウントをお知らせしましょう。ただしそれには、販売員であるあなたからインスタの画面を直接お見せしないことには、残念ながらいつまでたってもお客様とは繋がれません。

つまり「インスタで発信している」ということを、接客中にお知らせしていくことがマストなのです。

ベストなタイミングは、購入が決定してレジで会話をするとき。お会計をしながら、「普段インスタって見られますか？」という話題を出しましょう。

「見ています」とお答えいただけた場合は、どんな方をフォローしているのかや、好きなファッションブランドのインスタはチェックしているのかといったような、インスタにまつわる「インスタトーク」でワンクッション挟んでから、「実は私も最近インスタをはじめまして……。こんな形で本気でオススメな商品だけを毎日更新していますので、よかったらフォローしていただけたら嬉しいです！」とスマホで自分のプロフィール画面を見せながらオススメしましょう。

インスタをお知らせするタイミングは、レジが終わってからのお見送りの最中。ゆっくり歩きながら、スマホをお見せするといった形が一番ナチュラルかと思います。

レジでの向かい合わせの状態のままスマホをお見せして説明するなんてことは、営業トーク感が丸出しですから控えましょうね。

店舗としてアカウントをオススメしているといった空気感ではなく、「お客様だからこそ、個人的にインスタでも繋がりたくって」といった気持ちが大切です。

あくまでレジの際にはインスタという話題を出し、お客様の情報を聞くことに徹する。無事お包みが終わり、お見送りのときに「実は……」とさようならの寸前にあなたのアカウントをお伝えしましょう。

はじめて会う方に連絡先を聞くような緊張感はありますが、これから毎回実践してみてください！　数をこなせば必ず慣れます。

POINT

成功のコツは、〝さよなら寸前〟にお知らせすること

24 接客と「サンキューDM」はセットだと考える

その場でフォローしていただけた場合は、フォロー通知が届いた時点で「こちらのアカウントはお客様ですか？」と確認をしておき、その日の休憩中か閉店後にインスタから「サンキューＤＭ」を送りましょう。**このとき、お客様にとってインスタはプライベートなアカウントなので、フォローバックはしなくて大丈夫です。**

「本日、〇〇（ブランド名）で担当させていただいた、艸谷です！　ピンクのニットとベージュのスカート、本当にお似合いでした。ご着用いただける日を楽しみにしています★　スタイリングで悩むことなどがありましたら、いつでもご連絡、お待ちしております。週末の横浜へのお出かけが素敵な1日になりますように。ちなみに、私の横浜のオススメスポットは〇〇です」

DMを書くときのポイントは、

- 名前を最初に書いて、まず名前を覚えてもらうこと
- 次回ご来店されたときに、何を買っていただいたかわかるように、ざっくりしたアイテム名を書いておくこと
- 接客中にお客様のプライベートな話が出た場合は、その内容にも触れること

本日のお礼だけの場合、やはり営業トーク感があります。パーソナルな部分を出すために、洋服以外のお話を添えるとお客様との距離がグッと縮まります。

返事があれば喜びは倍増ですが、なくても気にしない！　これから接客するお客様全員にこのルーティーンを行う、という意気込みで続けていくことが大切です。継続することで、必ずまた会いに来てくださるお客様が増えます。

POINT

「アイテム名」を記載すれば、再来店時に重宝する

25「親しい友達リスト」でお客様リストが整う

ここでは、フォローしてくださったお客様と距離が近づく方法をお伝えします。あなたは、ストーリーズの枠がグリーンになっているのを見たことがありますか？「仲よしな友達のストーリーズでよく見る！」、そういった方が多いのではと思います。これはまさに、プライベートな友達へ向けて、クローズドで発信したい内容を載せるために使用するものなのですが、これを個人アカウントでも活用します。

つまり、リアルにお会いして繋がったお客様だけを「親しい友達リスト」に登録するのです。フォローの有無に関わらずリストへ追加可能なので、店頭でお客様にフォローしていただいた後、サンキューDMを送り終わったら、早速リストへ追加しましょう。

追加方法をご紹介すると、

（1）【プロフィール画面】にある「オプション（三本線マーク）」ボタンをタップ
（2）【親しい友達】を選択し、リストに追加したいアカウントは【追加】をタップ
（3）リストに出てこない場合は、ユーザーネーム検索で登録可能

プレセールのお知らせや新作の入荷案内など「これはお客様へお知らせしておかないと!!」と思える特別な情報があるときに使用しましょう。DMは1対1のやりとりですが、ストーリーズは登録されたお客様へ向けて一気に情報発信ができますから、あなたの負担も軽くなります。発信に反応してメッセージを送ってくださったお客様だけご対応するなど、ベストな活用方法を模索してみてください。

お客様を「親しい友達リスト」に登録することで、フォローしなくてもお客様リストが整いますから、販売員にとって活用しがいがある機能です。

POINT

「サンキューDM」と「親しい友達リスト」はペアで行おう

26 お客様との関係値を築く「企画」のつくり方

インスタ上の「企画」の考え方について詳しくお伝えします。ここでいう企画とは、主に「スタイリング提案の切り口」のことです。

例えば梅雨がはじまる6月や、セールが終わる2月、8月は来客数がグッと少なくなりますが、閑散期と言われるこの時期、どう売上をつくるか悩みますよね。

実は、店頭の中だけでできることは限られています。

私は店長時代、来店数が少ない時期は、目に留まりそうなVMD（内装や商品の配置）を考え、セット率を上げるための施策、スタッフ強化のためのロープレなど、空いた時間や閉店後の時間を使って「来てくださったお客様」に対するアプローチに取り組んできましたが、それは根本的な来店数を上げることにはなりません。

では、雨の日が続いたとき、インスタでできることは何か考えてみましょう。まずは、お客様が雨の日にどんな気持ちになるか想像するのです。

寄り添った発信ができていますか？

「雨の日で汚れるから、お気に入りの靴は履けないな」「湿気がすごいから、洗濯して乾きにくい服は着れないな」などいつもより制限がかかり、好きなファッションを楽しめない一方で、なんとなく憂鬱になりやすい雨の日だからこそ、「テンションの上がる服が着たい」と思うお客様が多い気がします。

そんなとき、「雨の日でも履けるおしゃれなスニーカー」「ガシガシ洗濯できるのに高級感のあるアイテム」「憂鬱な気分を吹き飛ばすカラフルな彩りのトップス」などがあればハッピーになれるのではないかかな？　とお客様に喜んでいただけそうな企画を想像してみるのです。

このような投稿ができれば、お客様の憂鬱に寄り添うこともできますし、気持ちを晴らすお手伝いにもなります。

“お客様に寄り添った”企画のつくり方

1 現在や今後の**状況**に着目する

- **梅雨の時期**
- **シーズンの変わり目**
- **セール期間**

↓

2 そんな状況下で、**お客様は何を求めているのか**想像する

3 これが、そのまま投稿の「**企画**」になる！

- **雨の日でも履けるおしゃれなスニーカー**
- **定番デニムに合わせるだけで旬になる新作トップス**
- **冬物セールならば、春まで着回しOKなセールコーデ**

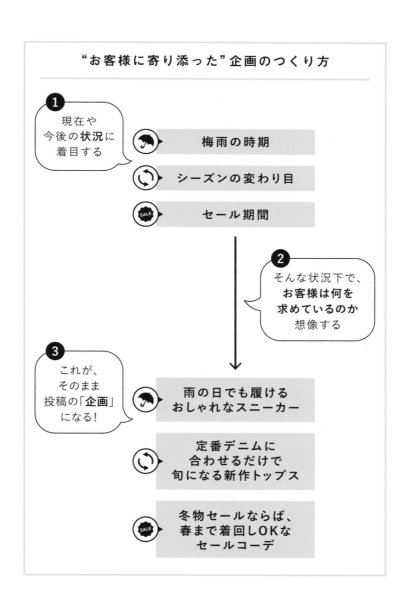

また、「リアルな通勤コーデ」としてスタッフの通勤服を発信することで、雨の日のリアルクローズを紹介することもできます。

このように、「雨の日の客足を伸ばそう」という発想ではなく、雨の日でもハッピーに過ごせるような提案をインスタで発信することで、「またいつかあの販売員さんに会いに行きたい」と、結果的に再来店に繋がります。お客様の気持ちを考えて日々発信することは、選ばれるために大切な考え方なのです。

仕込みはじめるタイミング

寄り添った提案は、シーズンの変わり目から仕込んでおくとより効果的です。

「今期は何を買い足そう?」と考えるお客様が多い時期なので、デニムなどの定番アイテムに合わせる「1枚でおしゃれに見えるトップス特集」や、トレンドカラーの商品がたくさん入荷した際には、「今期のトレンドカラーでつくるコーディネート」というように、お手本になるスタイリングを発信することが買い物の参考になります。

春先のライトアウターや冬のコートなどは、早い時期から探される方が多いうえに、

ワンシーズンに何着も購入されることは少ないので、入荷したらすぐにスタイリングを発信しましょう。

また、1月や7月は何と言ってもセールが目玉ですよね。セールがはじまる数日前からお客様が目星をつけられるように、マークダウンになる商品を発信したり、「春まで着回しOKなセールコーデ」など、店頭で提案しているスタイリングをセールがはじまったタイミングでインスタでも発信してみましょう。

他にも、セールの際に、つい必要のない商品まで買ってしまったという経験は誰しもあると思うので、「セールで失敗しない方法」を販売員のあなたが発信するのも役立つ企画になるのではないでしょうか。

安いから何でもオススメするのではなく、セールだからこそ、お得に賢い買い物をすることがお客様の本来のニーズです。**セール商品の中からも「なぜこの商品がオススメなのか」、理由を添えることがお客様に寄り添った発信になります。**

このように「売りたい！」「お店に来てほしい！」と一方通行な思いを伝えるので

はなく、「寄り添った提案」を売上に関係なく続けることが、結果、来店に繋がり、ＥＣ売上に繋がり、あなたの顧客様へと繋がっていくわけです。

インスタは「信頼構築の場」として認識いただいたほうがいいかもしれません。

あなたがお客様の立場であれば、きっと同じように感じるはず。

求めている洋服が見つからないのに、無理やり営業トークを繰り広げる販売員と、自社にはない商品だけど「こういう着こなしもオススメですよ」と教えてくれる販売員がいたとしたらどちらから買いたいですか？　もちろん親切な後者ではないでしょうか。インスタ上でも「お客様ならどう思うか」という視点に置き換えて日々発信することが、雨の日で客足が伸びないときでも、来店に繋がる施策になります。

POINT

「消費者目線」で共感できる販売員は、強い

Chapter 04

あなたの接客スタイルが、そのまま〝発信の型〟になる

27 商品をオススメすればするほど、喜ばれたワケ

Chapter 04では、私の販売員時代の経験を交えてお話しさせてください。

私は5年前までアパレル販売員をしていて、当時は社内で売上トップの実績がありました。接客のコツは商品やお客様の研究の積み重ねに尽きるのですが、その経験をどうインスタに落とし込めばいいか、各項目の末にまとめています。

「接客現場での学びをインスタでどう活かすか」という観点でお読みいただくと、ここまでお話ししてきたインスタ発信のイメージがより鮮明になるはずです。

きっかけは「空間」だった

はじめての接客体験は、大学1年生の冬。「こんな場所で働いてみたい！」と心が

動いたURBAN RESEARCHの路面店でした。

グリーンがたくさんあって、店内も広く、メンズ・レディースの売場が半々に分かれている店舗だったのですが、はじめてのぞいたその日、「スタッフ募集」のポスターがフィッティングルームの扉に貼ってあるのを見て、すぐに応募しました。空間が気に入ったということが応募動機でしたが、無事採用されて憧れのアパレル販売員に。

接客の作法が全くわからない初日。**当時の社員さんからは「各商品のいいところを3つずつ言えるようにするといいよ」とアドバイスをもらいました。**

飲食店のアルバイトのように、接客マニュアルがあるのかなと思っていたのですが、そういったマニュアルもなく、特に細かい指導をもらうわけでもなく、ただ純粋に、店内にある全商品のいいところを3つずつ考えました。

「袖がゆったりしているから二の腕が気になる人でも大丈夫そう」「よく見るグレーではなく、ブルーグレーのような色味だから他の洋服とも被らないし、華やかに見えそう」「長時間座っていてもシワになりにくい素材だから、ヘビロテしてもらえそう」など、1つひとつの商品をじっくり見ながら、シルエットや色味、機能面のポイントを考えました。

平日は来客数が少ない店舗だったので、店内の掃除をしながらラックを眺め、頭の中ではいつも商品について考えていました。また、毎週火曜日に届く大量の商品を検品することもメイン業務だったのですが、「箱から商品を出すたびにオススメのポイントを考えられて、とてもラッキーな時間！」と思えるぐらい、貪欲に商品と向き合いました。

空いた時間はたくさん試着をして、実際のシルエットや肌触りを確認。

特に、ボトムは見ただけではわからない部分が多いので、試着は必須です。SとMの2サイズしかなくても、「この商品はゆったりしたSサイズ」といったように絶妙なラインも試着して把握するようにしました。

オススメポイントを押えたことによる変化

その甲斐もあって、「なぜこの商品がいいのか」というポイントが自分の中で蓄積されました。立ち止まって洋服を見ているお客様を見かけたら、何度もその商品を見ている人にしかわからない、商品のよさを伝えられるようになったのです。

商品を見ているお客様に対して「その商品可愛いですよね」「昨日入荷したんです」など、どんなアイテムでも誰に対しても使えるフレーズでお声がけしても、なかなか響きません。

私は、その方の体型や生活面を想像しながら、

「二の腕周りがタイトなデザインだと、1枚で着られずに上に重ね着をしたくなって、結局着なくなることが多いのですが、このトップスはお袖に立体感があるので安心して1枚で着られるんです！」

「長時間座りすぎると、立ったときにスカートがシワになってしまって残念な気持ちになることが多いんですが、この商品はどれだけ座ってもシワにならないんです！」

というように、**元々考えていたいいところを生活シーンに置き換えて話すだけで、お客様にスルーされることなく、たくさんお話を聞いてもらえるようになりました。**

そこから、「お客様が見ていた商品」の決定率は格段に上がり、しゃべったら売れ

るという自信がついたのです。

「お客様が見ていた商品」が売れるようになってからは、次のステップに挑戦しようと思い、「私から提案したい商品」も合わせてオススメすることにしました。すると、「それも合わせて買います」というお返事が止まらず、レジ裏のストックが担当したお客様のお取り置きで埋まる、ということを何度も経験しました。

レジ打ちの点数が多すぎて10点以上ご購入されるときはミスしないかドキドキしましたが、たくさん購入してくださったお客様はとても満足そうで、私も「いい接客ができた!!」と、嬉しくなる日々でした。

お客様の観察とお声がけのタイミング

私から提案するときに気をつけていたことは、1着持ってフィッティングに通られるお客様がいたら、**そのアイテムに一番合う商品をお持ちして「このセットが本当にお似合いになると思うので、せっかくなのでぜひ着てみてください!」と必ずコーディネートでオススメすることです。**

ただ、このテクニックが通用するのは「試着してもいいですか」と声をかけられてからでは遅く、試着したいと思われる前に信頼関係を築いておく必要があります。

いかに早い段階でお客様の心をつかめるかがポイントでした。これはお客様の観察に尽きるので、適切なタイミングを見計らう必要があります。

私がお声がけのタイミングで心がけていたことは、ファーストアプローチとセカンドアプローチです。

入店時の「いらっしゃいませ」のときに必ず笑顔のアイコンタクトをすることと、声をかけるタイミングは「商品をじっくり見ているとき」と、「店内を2周されようとしたとき」でした。ご来店されてからお客様の動きはずっとチェックしているので、**少し気になった様子で触れていた商品を、私のオススメとしてお持ちすることもよくありました。**

このように、お客様にお声がけするタイミングを見計い、さらには気になられていた商品をお持ちすることで「なんでこれがほしいってわかったの？」「そうそう。いつも同じ色を買ってしまうからやめとこうと思ったんだけど、やっぱいいよね！」といった驚きや同意の声をいただいたうえで、「私から提案したい商品」をオススメすると喜んで聞いてくださるのです。お客様をじっくり観察して、お話しして共感し合って、気づいたらレジ前でも続きのお話しをしている……、というルーティーンができていました。

誰よりも商品のよさに向き合うこと、お客様を見て想像すること、そしてお客様に寄り添った提案をすることは、結果お客様の喜びと満足に繋がるんだと学びました。

「オススメしすぎると、なんだかお客様に申し訳ない」と気後れしてしまう方もいるかもしれませんが、むしろ逆。

お客様は「なんとなく何かほしい」という曖昧な状態で店舗に寄られることがほとんどなので、お客様の無意識の行動を可視化してあげて、あなたの磨いてきた商品知識と提案で目の前のお客様にベストな洋服を選んであげることが、お客様に喜んでもらう秘訣なのです。

CHECK

店頭接客をInstagramに活かす

●「接客のキホン」を発信に置き換える

□投稿する商品のオススメポイントを3つ以上挙げられるようになる
□シルエットや色味・機能面・肌触りを投稿文と写真で伝える
□着用した人にしかわからない情報を投稿文に書く
□どんな商品でも誰に対しても使えるフレーズは使わない
□商品のいいところを生活シーンに置き換えて投稿文に書く
□単品ではなくて、必ずコーディネートで写真に載せる

28 来客数が少ない日こそ、チャンスだと捉えよう

URBAN RESEARCHでのアルバイトスタッフを2年半経験したのち、大学4年生の夏に、グランフロント大阪ができたタイミングでSHIPSの販売スタッフ枠が募集されているのを見つけ、すぐに応募。念願の梅田スタッフデビューを果たしました。

ファミリー層が多い場所に店舗を構えるURBAN RESEARCHから、高感度ファッションエリアである梅田のSHIPSに職場が変わり、これまでの接客が通用するのか不安でしたが、店頭に立っていつものように接客をすると、飛ぶように売れました。

社員さんにも「接客を近くで聞いていたけど、提案がベストチョイスだね！」というように、初日から褒めていただけて、自分の接客は違うブランドや立地でもちゃんと通用するという自信に繋がりました。

ただ、どれだけアルバイトとして社員さんに認めていただいたとしても、形に残る実績がないことがとてももったいなく感じ、大学卒業後はアパレル企業に就職することを決めました。

実績を求めて評価基準が明確な会社へ

入社を決めた企業は、当時「アパレル・実力主義」とGoogleで検索した際に唯一ヒットしたSTUDIOUS（現：株式会社TOKYO BASE）です。

年功序列な風潮が強いブランドでアルバイトをしてきた経験から、勤務年数に関わらず評価される会社へ就職したかったので、まさに理想の環境。

想像以上に個人評価が細かく、売上が毎日全社員に共有され、週間ランキング・月間ランキングや毎月の表彰なども充実していて、入って数ヶ月のスタッフでも、創業時からいるスタッフと変わらない扱いで引き上げてもらえる社風がとても魅力的に感じたのです。

同じ店舗でも売上を全社員で競い合う風潮があったので、アルバイトのときよりも気が引き締まり、「成果を出さなければ」と焦る気持ちすらありました。

最初の配属は大丸心斎橋店だったのですが、平日にふらっと立ち寄るお客様が少ないため、声がけスタッフの順番が決まっていました。なぜなら個人売上を取るためとはいえ、お声がけが早い者勝ちになってしまうと、1日接客できないスタッフが出てしまうからです。

そのため、少ない接客回数で確実な実績を積むということが、当時の私のミッションになりました。

厳しい環境も考え方1つで結果になる

せっかくの広い店舗で、かつお客様も少ないこの環境をどう活かすか考えたときに、「1人のお客様としっかり向き合えば十分なVIP接客ができる」と思いました。また、取り扱いのデザイナーズブランド（デザイナー自身が企画やデザイン、生産までを主導で行う高単価ブランドのこと）が豊作だったので、商品の希少性はもちろん、お客様に「こんなにおしゃれなスタイリングはじめて」とデザイナーズブランドを好きになってもらうきっかけづくりが十分できると感じました。

そこで、来店したお客様には手に取りやすいSTUDIOUSの商品ではなく、この店舗にしか置いてないデザイナーズブランドの商品を紹介し、**接客するお客様の数が少なくても、時間をかけて高単価商品をオススメして、客単価を上げるスタイルを目指したのです。**

入荷しているたくさんのデザイナーズブランドの中から「そこまで個性的すぎないけど、1枚でおしゃれに見えて、着回しがたくさんできる服」という、自分の中の定番商品をつくり、お話しが盛り上がったお客様には、私のいち押しアイテムとして、ラスト1点になるまでその商品を売り続けました。

自分の中で接客しやすいオススメアイテムを決めて、同じものを何度もご紹介することで、回を重ねるごとに接客トークも上達していきます。

ちなみに、接客トークの基本は、URBAN RESEARCH時代と変わりません。

ただ、年齢層が高いお客様への接客も増えたので、「可愛いです」は使わないようにしていました。お似合いであれば、「素敵です」。お客様がしっくりきていなくて、私も違う商品のほうが似合うと判断した場合は、「このシルエットよりは、こちらのほうがお似合いになると思います！」と、すぐにしっくりこない部分を解決できる商品を提案しました。お客様に似合っていない商品は絶対にすすめないスタイルも、新人時代から変わっていません。

価格に納得できていますか？

ただ、大きく変わったことが1つありました。それは、商品知識です。

いままでは、「合わせやすさ」「着回しやすさ」で商品を売ってきましたが、デザイナーズブランドをメインに扱うとなると、知っている情報は、多ければ多いほうが売れます。高単価商品を販売するときは「自分自身もその商品にお客様と同じ金額を払えるか」を基準にしておくと、提案の質が大きく変わります。

払えると感じた商品は、あなた自身がその商品のどこに価値があるか気づけているので、接客時にお客様が金額で悩まれたときも、「高単価である理由」が語れるはずです。

一方で、払えないと感じる場合は、あなた自身商品のよさがいまいちわからないからですよね。デザイナーズブランドに関わらず、高単価商品は、大きく分けると2パターンの価格が高い理由がきちんとあります。

1つ目は、素材よりも「ブランド力」が高いブランド。

そういったブランドの場合は、誕生してからのストーリーや希少性がわかれば、深みのある話ができます。あなた自身もそういったことを学ぶことで、より一層そのブランドのファンになりそうな気がしませんか？　高単価商品に関わらず、**いままで商品に興味が持てなかった方は、ブランドの誕生秘話やデザイナーについて調べてみましょう。**

2つ目は、ブランド力よりも、「素材や機能性」にこだわっているブランドです。

シンプルなデザインのニットやTシャツなど、定番商品で価格が高いと感じる商品は、この場合がほとんど。もちろん、こういったブランドはシンプルながらに、緻密に計算された立体的なシルエットであることが多いのですが、基本そこを伝えてもお客様には響きません。

それよりも、素材や機能性に着目したうえで、「その素材のメリット」が語れると説得力のある接客ができます。「素材のことなんてさっぱりわかりません」という方が多いと思うのですが、そんなときのためのGoogleです。

このように、「なぜ高いのか」を語れないのは知識が足りていないから。

高い理由がわかったうえで、買うか・買わないかはお客様次第ですが、販売員であるあなた自身が金額に納得できない商品があったときは、まず調べること。価格にはきちんと理由があります。

その知識をもって、お客様へ接客することができれば、あなたの提案の決定率は間違いなく上がるでしょう。**当たり前ですが高単価商品であればあるほど、「なんとなく」な接客で売れるわけがありません。**

そんなふうにして、確実に高単価商品が売れるようになったため、来店が少ない店舗でも入社してから1ヶ月以内に週間ＭＶＰをいただくことができました。

CHECK

店頭接客をInstagramに活かす

●高単価商品をどのように発信するか

□商品の希少性や珍しいデザインに興味を持つ
□自分の中で定番高単価アイテムを決めておく
□その商品に同じ金額を払えるかを考えて発信する
□この服にこの金額は高いと思ったときは、高い理由を考える
□商品に使われている素材のメリットを投稿文で伝える

29 大切なのは、「担当しない範囲」を決めること

その後、ルクア大阪店に異動してからは、新規のお客様の割合が、前店舗では考えられないほど増えましたが、担当するお客様の数が増えても、高単価商品を売るスタイルは変えませんでした。来客数の多い店舗で高単価商品をオススメする際のポイントは、担当すべきお客様の選別です。

どういうことかというと、今期一番の売れ線商品を求めて入店されたお客様への接客は一切担当しませんでした。なぜなら、誰がお声をかけてもその商品は売れますし、目的買いが多いため、追加商品や高単価商品をオススメしても響かないからです。

確実な売上を立てられる接客は担当せず、私がどこを見ているかというと、やはりデザイナーズブランドのラックです。そのラックを見ているお客様は、まず「ファッ

ション感度が高い」ことが挙げられます。

そして、単価が高い商品の値札を見ても、驚かない方たちです。**つまり、金額ベースで悩まれる可能性が低く、「似合っているかどうか」で商品を買うお客様を最初から選んでいるのです。**

そのラックで少しでも興味を示されている方がいたらお声がけし、いつものように「私から提案したい商品」をお持ちしてフィッティングルームへお通しします。

その際に、「着用後の姿を見たいので、必ず外に出て来てくださいね」というお声がけは私の中で必須トークでした。フィッティングから出て来てもらえなかったら、お客様の判断で購入するかどうかを決めてしまうので、購入の可能性は50％。試着した状態で外に出て来てくだされば、その確率は確実に上げられるからです。

お客様の専用スタイリストになる

お客様が出て来られる前に必ず、**お客様の脱がれたシューズのサイズをチェックして、そのサイズの中での「いち押しシューズ」をお出しし、冬の場合は、ご試着のア**

イテムに合わせたアウターも羽織っていただくことを徹底していました。

このようにして、デザイナーズブランドのラックをちらっと見ていたお客様は、気づいたら全身最強のコーディネートに身を包んでいるのです。「このシューズも歩きやすくて、見た目も可愛いし、アウターもそういえば今年買うか悩んでいたから買っておこうかな」というような流れで、全身買いをしてくださる方も多くいました。

基本的に、私の接客は、引き算のスタイルです。まず、お客様が選んだアイテムが最大限に可愛く見えるコーディネートを組み、全身ご着用していただいた状態で、フィッティングから出て来てもらいます。そして着用されたまま、ご予算やお客様のクローゼット状況をヒアリングして、本当に買うべきアイテムを一緒に吟味します。

このように、どのお客様へ声をかけるかといった、私の中の「見込み客ルール」を徹底して、セール時でも着実に客単価を上げていました。**ゼロベースでご提案できそうな方で、かつファッション好きであり、1着の単価が3万円を超えていても、悩まない方を選別していたのです。**

同じ店舗のスタッフからは、「その全身コーディネートを毎回つくれるのもすごいよね」と言われていましたが、これもURBAN RESEARCH時代と同じ。

1点1点が個性的な分、お客様のほうで組み合わせることが難しいデザイナーズブランドだったからこそ、「このアイテムにはこれ」というように、頭の中に何パターンもの組み合わせがありました。

はじめて経験した多忙な店舗でしたが、常に高速で次に打つ手を考えることができるようになったので、この経験もいまの仕事に活かされています。

結果、入社3ヶ月目でメンズも含めた全社員の中で、月間の個人売上No.1を取り、当時の最短・最年少で新卒1年目から店長を任せていただきました。

高単価のデザイナーズ商品を売るスタイルで、お客様に「こんなにおしゃれなスタイリングはじめて」と言っていただける瞬間に多く立ち会えたことは宝物です。

CHECK

店頭接客をInstagramに活かす

●コーディネートをどのように発信するか

□アウターは、シルエットの異なるボトムで比較したり、インナーアイテムのテイストを変えたりしながら、バリエーションの豊富さを投稿で伝える

□全身コーデの中から、各アイテムの特徴・メリットを投稿文に書く

□セットでほしくなるような着回しパターンを、1アイテムにつき3パターンつくり投稿する

30 トップを走り続けるためにしていた工夫とは？

入社3ヶ月目で全社員の売上トップを取っても、その後の継続が一番大変。「まぐれの1位」とならないように、常にトップ水準をキープし続けないといけないプレッシャーで毎日追い込まれていました。

振り返ると、なぜそこまでこだわっていたのか不思議ですが、「売れなくなったら自分の価値がない」という思いが根底にあったのだと思います。自分に自信をつけるために実績を求めてきたので、その先はトップをキープすることが当時の課題でした。

なんでも売れればいいわけではない

売上をキープするために一番大事なことが「在庫の管理」ということに気づいてか

らは、「どの商品のどの色が何点残っているか」を先にチェックして欠品を防ぐ接客に変えました。大丸心斎橋店のときに十分な在庫が揃っていたのは、当時の店長が集めてくれていたからということに気づいてから、**次は自分が「商品の管理をしながら来客数を落とさない方法」を考えなければいけない番になったのです。**

例えば、「白とネイビーどちらにしよう」と、どちらを提案しても満足されそうなお客様がいた場合、頭の中で「白残り1、ネイビー残り3だから、ネイビーをオススメしよう」というように、在庫状況も考慮しながら最適な商品を提案していました。

当時、売れる商品はルミネ新宿店に流れてしまう傾向があったので、ルクア大阪店の私は在庫で悩むことが多かったのですが、「売れ線商品を店頭から欠かさない」ということを重視して、提案する商品を考える以上に、残す商品を調整していました。ルクアの一等地に店舗があっても、並んでいる商品に統一感がなかったり、売れ残りの商品だけが並んでしまっていたら、そもそもフィッティングにお通しするどころか来店さえしていただけません。

商品さえ店頭に揃っていれば、来客数が増え、高単価商品をオススメするきっかけもつくれるので、売上をキープするために人気商品を切らさないことを意識しました。ギリギリの在庫の中で戦っていたからこそ気づけたことです。

首から下の自分を客観視する

次に大事なのは、自己管理です。自己管理というのは体調管理なども もちろんですが、今回はそこではなく、「あなたが身につける洋服」のお話です。

販売員である以上、お客様から「あなたがすすめるなら間違いない」とこちらの提案に安心していただく必要があります。

つまり販売員として一番大事なことは、生まれ持ったビジュアルではなく、軽快な接客トークでもなく、接客の際の「あなたの着こなし」なんです。

当時のスタッフにも、結果が顕著に表れていたのですが、本人が洋服にお金をかけないのに、お客様へデザイナーズブランドの高単価商品をオススメしてもなかなか売れません。

ですが、本人がデザイナーズブランドのよさをわかっていて、愛用しているのであれば説得力が全く違います。価格帯やテイストなどが様々なアパレルブランドですが、「所属するブランドの店頭に見合った自分であるのか」といったことを日々チェックしておくことも大事です。

私は店頭に並ぶデザイナーズブランドをたくさん買っていたので、感度の高いお客様は、私の着用する洋服を見てハイテンションになっていただけることもよくありました。

購入されたお客様の中には、「その服素敵！　どこの？」と周囲からの反応がよかったため、「艸谷さんに選んでもらいたくて、もう一度来ちゃいました」と再来店してくださる方もいらっしゃいました。

このように、自分がいい服を着て、お客様にもいい服を提案する。販売員として当たり前のことではありますが、意識するだけで売上は上がりますよ！

CHECK

店頭接客をInstagramに活かす

● 継続的に発信を見てもらうために

□ 投稿には「売れ線」にあたる、定番の人気商品を入れる

□ インスタでこそ、店頭の人気商品がどれかを教えてあげる

□ 在庫がなくなりそうなタイミングでは、店舗に残っているカラーをメインに発信する

□ あなた自身の店頭スタイリングも発信する

□ ブランドに見合わない服装やメイク・髪型の場合は自分自身の見直しからはじめる

□ お客様にいい服をオススメするために、自分もいい服を着る

31 販売員を辞めてから気づいた「インスタの価値」

全社№.1を目標に入社した会社だったので、年間最優秀新人賞をいただいた後に退職。その後3.1Phillip Limの直営店で腕試しをして、大学時代から約5年間続けたアパレル販売員としての自分を卒業しました。

販売員当時にインスタをやっていなかった私が辞めてから気づいたことは、私は接客しかできないということ。販売員としての実力に納得して辞めたのに、この先のキャリアは完全に暗闇でした。

ただでさえアナログ人間で、パソコンもExcelやWordに手打ちするくらいが限界な私はOLにもなれないと思いました。**自信をつけるために実績を上げてきたはずが、むしろ「販売員コンプレックス」のような状況に陥ってしまったのです。**

1年間、今後の方向性が定まらないまま路頭に迷い、その後結婚してからは、歯医者の受付やコールセンターでのパートも経験しましたが、マニュアル化された仕事は、どれだけ頑張ってもやりがいが感じられませんでした。そんな毎日をこれからも続けるのか、もう一度アパレル販売員をやるべきなのか、途方にくれていたときに「インスタの発信を仕事にする一般の方がいる」という番組を見かけ、「これだ！」とピンと来て、すぐにコールセンターを辞めました。

インスタをはじめて身についた力

150フォロワーの鍵アカウントを1万フォロワーにできたら、どんな未来が待っているのか確かめたくて、丸1年インスタに力を注いだところ、考えたこともなかった「起業」という選択肢にたどりつきました。

接客しか強みのなかった私が、インスタという新たな武器を得たことで、仕事の幅が驚くほど広がったのです。それは、フォロワー数が多いからPR案件がもらえるという話だけではなく、インスタに本腰を入れてから、ビジネスに必要な**「企画力」「編集力」「分析力」から、お客様を集める「マーケティング力」まで、知らない間に**

「Instagram力」が身についていたのです。

あのとき、販売員の私が接客を極めながら、インスタでも発信をしてたくさんのお客様と繋がり、インスタ内でも新規のお客様と出会うことができていたら……。これまで掲げてきた売上以上の成果を、間違いなく生み出せたと思います。

さらに、発信することで別ブランドの知り合いも増えるので、社内の考え方だけに囚われず、視野がもっと広がっていたと思うのです。**インスタで発信することは、お客様と繋がるためはもちろん、新しい思考や新しい出会いも連れて来てくれます。**

それくらい、インスタは「店舗だけで頑張ってきた従来の常識を覆してくれるもの」ということにも発信をはじめてから気づきました。私と同じように「あのとき、インスタをやっていたらもっと世界は変わったかもしれない」と後悔する販売員さんが増えないように、いまこの本を書いています。

POINT

店頭で完結していた世界から、パッと視野が開ける

Chapter 05

〝店舗と連携〟すれば、ファンは確実に増える

32 「店舗アカウント」における4つの必須要素

ここまで、個人アカウントについての重要性や手順・段取りをお話ししてきました。さらに「店舗アカウント」と連携すると、スター販売員が集まるお店をつくるうえで、協力なチームワークが生まれるので、店舗アカウント運用のコツもお伝えしておきます。まずは、店舗アカウントをはじめる際に、必ず押さえておいてほしい4つのポイントをご紹介します。

❶ユーザーネームは正式名称で

まず、インスタのアカウントをつくるときに設定する「ユーザーネーム」ですが、わかりにくい名前にしている店舗が意外と多いです。**わかりにくいポイントは、コンマ、アンダーバー、ハイフンの位置。**

「@da_i_wa_shuppan」のように単語の間にアンダーバーを入れたり、「@__daiwa.shuppan」のように最初に数えきれない数のアンダーバーや、名称の途中にコンマを入れているユーザーネームを見たことがありませんか?

これらは検索に引っかからないためご法度です。「@daiwashuppan」というように、シンプルに誰にでもわかる正式名称にしましょう。略したりすると、購入者がタグ付けをしたいなと思ったときに、「探せない=タグ付け不可」となり、せっかくの導線を捨ててしまうことになります。店舗の正式名称がすでに他のアカウントに使われてしまっている場合も、検索に繋がる正式名称を言い切った後に、「official」「store」を付けることで調整しましょう。

❷アカウントを整えておくだけで新規流入がアップ

実は、インスタを本格的に運用しなくても、「新規のお客様に見つけてもらえる方法」があります。まずは、自社商品を投稿している方がどのぐらいいるのか、ブランドの正式名称をハッシュタグ検索しましょう。

意外とアップされていた場合は、インスタのアカウントを作成し、ブランドの正式名称をユーザーネームに設定。商品のイメージ写真を整えた投稿とプロフィール文を作成して、プロフィールにＥＣのリンクを貼っておくだけで効果があります。

もしも、たくさん投稿されていることが確認できたならば、そのブランドで一番多い件数のハッシュタグを「公式ハッシュタグ」として、プロフィール文に記載しておきましょう。たまたま店舗のアカウントにたどり着いた方へ向けて、人気ブランドであることをアピールできるうえに、そのハッシュタグを付けて投稿してくれた購入者の投稿と紐づけることができます。

❸店舗の場所や、営業日・営業時間、問い合わせのＤＭ対応について記載

フォロワーの投稿から、店舗アカウントへたどり着き「自分も行ってみたい！」と思っても、いつ空いているのかわからない店舗が意外に多くあります。特に、テナントではなく路面店の場合、営業時間・休業日の記載はマストです。

不定休の場合、お休みの日程が決まったら、月ごとにストーリーズで配信し、ハイライトに「今月の定休日」として残しておきましょう。

また、ＤＭで質問しても返信が来るか心配で、気軽に問い合わせできないと感じる

お客様からすると「DMでのお問い合わせも対応しています」とプロフィール文に記載されていれば、安心して連絡ができますよね。そうしたちょっとしたやりとりができるかできないかで、今後行きたいお店かどうか判断されるのです。

❹ストーリーズは24時間以内に最低1回は発信

インスタユーザーは、そのアカウントが稼働しているか・立ち上げただけなのかをすぐに見分けます。**それは投稿の更新頻度とストーリーズが配信されているかどうかで判断しますから、投稿の発信がイメージ画像のみの場合は、毎日ストーリーズを稼動させましょう。**

ストーリーズでは、店内の様子を動画で伝えたり、新作・いち押し商品の紹介をするなどがベーシックかと思います。そのうえで、オススメの活用法は、購入者の写真をシェアボタンで飛ばし、メンション（その購入者をタグ付け）をして発信すること！　スタッフとしての感想を書いたうえで、ストーリーズの発信をすると、写真を投稿した購入者にも通知され喜んでもらえます。その後リポストしてもらえれば、さらなる拡散に繋がりますから活用しない手はありません。

（1）シェアする投稿の下にある「シェアボタン（飛行機マーク）」をタップ
（2）共有先の中から【ストーリーズに投稿を追加】を選択
（3）画面上の右から3番目にある「スタンプマーク」を選択、あるいは、画面を上にスワイプする
（4）【@メンション】を選択し、シェアする投稿の発信者（購入者）のユーザーネームを入力し、アカウントを選択
（5）【Aa】マークを選択し、感想やメッセージを記入し、【完了】を選択

運用を本格的にしていなくても、新規のお客様と繋がるためにいますぐできることをご紹介しました。個人アカウントで使えるアイデアもあるので、できそうなことからはじめてみてはいかがでしょうか。

POINT

これだけで、お客様と出会う確率が格段に上がる

33 目的別・アパレルブランドの運用の型

ここからは、店舗アカウントの応用編をお届けします。

結論からお話しすると、**各スタッフが個人アカウントで発信した内容を集約していく方法が、私のお伝えしたい店舗アカウントの活用法です。**

そのうえで、アパレルブランドの一般的なインスタ活用パターンは、大きく分けて4つあるので、それぞれどんな目的を持った方とマッチしているかご紹介します。

すでに店舗アカウントの活用が進んでいる場合は、どれに当たるのかチェックしてみてはいかがでしょうか。1つずつ説明していきますね。

●ＰＲ型

大手アパレルブランドのアカウントに一番多いパターン。

イベントやセール情報、別注アイテムのお知らせや、新店舗ＯＰＥＮなど、ブランド側が告知したい内容を投稿するのが基本で、投稿内容に一貫性はなく、チラシのような印象。

● LOOK型　デザイナーズブランドのアカウントに多いパターン。ブランドの世界観を尊重し、コレクションのLOOK画像や外国人モデルを起用した着用画像をメインに投稿。着用している商品の詳細情報はなく、あくまでブランドイメージと、今期の商品テーマを伝えている。

● EC型　ECで見るような、商品をメインとした画像が並ぶアカウント。商品についてはよくわかるが、インスタで見るには商品画像の押しが強すぎるあまり、企業感が目立つといったデメリットが。ブランドの世界観はアカウントからは感じ取れない印象。

● SNAP型　アパレルの店舗アカウントに多いパターン。販売員のスナップ写真や店舗の入荷アイテムを並べて発信しているアカウント。販売している商品がわかることがメリットだが、実際に1つの投稿を「企画」としてつくり込み発信できている店舗はまだ多くない。店内イメージやトルソーの着用画像、入荷アイテムをハンガーにかけて撮影といった写真が多い印象。

主に、この4つのパターンで構成されています。確認しながら、「ああ、確かに」と思った方も多いのではないでしょうか。ここで、重要なことは、どの型がいい・悪いではなくて、「何のためにアカウントを立ち上げるのか」という目的が大事なのです。

運用の目的がはっきりしていますか？

PR型は、「ブランドが発信したい最新情報をお知らせすること」が目的であればその手段にふさわしいですよね。また、**すでにたくさんの顧客様がインスタをフォローしていて、その顧客様へ向けての配信であれば問題はありません。**

しかし「インスタで新規のお客様への認知度を広めたくて」とか、「ブランドのフアンの方とコミュニケーションを取りたくて」といった目的でPR型の発信をしている場合、残念ながらこれではターゲットのお客様へ届きません。

続いて、LOOK型のアカウントの目的は2パターンがあります。

1つ目は、ラグジュアリーブランドのようにすでにポジションが確立されていて、ブランドの世界観を届ける必要があるブランド。この場合はすでにブランドのファンが大勢いる状態なので、商品詳細を伝えなくても、「ブランドが生み出すクリエイティブを見たいから」「単純にブランドが好きだから」といった視点でフォローされるため、ブランド側が発信するだけでお客様の価値になります。

2つ目は、「おしゃれな印象」が薄いブランドがインスタではつくり込んだ世界観を発信することで「このブランド、はじめて知ったけどなんか素敵！」と思ってもらうため。LOOK撮影（シーズンのコレクションをモデルが着用して撮影）のような写真を並べて投稿するだけで、おしゃれなブランドとして魅せることは可能です。

そういった、「おしゃれの権威づけ」をしたい場合は有効な施策ですが、「商品を売りたい」「お客様とコミュニケーションを取りたい」という方には、別の手法が必要

です。このパターンはあくまでイメージを届ける手段なのです。

ＥＣ型は、残念ながらうまくいく可能性は極めて低いと思います。**なぜ厳しいかと言うと、全くワクワクしないから。投稿画像をインスタ用のコンテンツとして作成し直しましょう。**インスタ内では、単調な商品画像を並べるだけの投稿では、継続してフォローしてもらうことが難しく、いかに生活者に寄り添い、毎日情報を見たいと思ってもらえるかといった工夫が必要です。

スタジオで撮影したようなきれいすぎる写真ではなく、個人アカウントのように、日常の一部を意識して撮影する「リアルクローズ感」を出すことが継続的なファンになってもらう近道になります。

最後に、ＳＮＡＰ型は、更新することが目的となっているアカウントがまだまだ多い印象です。店内の雰囲気や所属スタッフのイメージは伝わりますが、おそらく店舗アカウントをＳＮＡＰ型で運用する目的は、「店舗に足を運んでいただきたいから」ですよね？　その場合、**ただ入荷した商品を並べる、企画せず発信するのではなくて、**

日頃から見に来ていただけるお客様の層をイメージして、その層にあった提案を発信していきましょう。

例えば、お子さん連れの主婦の方が多い店舗の場合、よそ行きのきれいめな洋服をメインに発信していくより、「日常でも気兼ねなく着られて、たまにお出かけする際には組み合わせによってきれいめに見える」ような商品やスタイリング提案を発信すると、買い物の参考になるはずです。

POINT

流行だからやるのではなく、目的をきちんと定めよう

34 「店舗に来てもらうこと」を目指すあなたへ

ここからは、「店舗へ足を運んでいただきたい」「お客様とコミュニケーションを取りたい」という目的で店舗アカウントを運用する方へ向けて、「コミュニケーション型」の発信方法をお届けします。

前項で**紹介した4型との大きな違いは、発信の起点がブランド側の都合ではなく、お客様のための発信であること。**すぐに店舗へ足を運んでいただけなかったとしても、「この商品を今度見に行きたいな」「スタイリングの参考にしたいな」とファッションを楽しんでもらうといった視点で、所属店舗の立地・客層から、発信すべき商品を絞る方法です。

お客様とコミュニケーションを取る方法は、コメントやDMのやりとりだけでなく、このように発信内容からも思いを届けることができます。あなたの店舗の客層データと照らし合わせながら、メインの客層を理解し、その方々へ向けた発信内容を準備するイメージです。

お客様をイメージする

例えば、東京駅の丸ビルに店舗を構えるブランドで、ファッション感度が高く、平均客単価が3万円のお店をイメージしてみます。

客層は、高単価な商品も気負いしないＯＬさんが仕事帰りに寄られることが多いとしましょう。その場合は、**店舗としてなんでも平たく紹介するのではなく、その中でも特によく来店される「ボリュームゾーン」にターゲットを絞り、そのお客様が知りたい情報を想定して発信をします。**

すると、ブランドの公式アカウントとの違いが明確になりますよね。公式アカウントはブランド全体としての発信がメインなので、店舗アカウントは細分化することで、お客様にとって身近な、自分ごと化できる発信になるのです。

また、設定した「ボリュームゾーン」に当たるお客様からすると、来店した際に店舗アカウントの存在を知り、その内容が自分にとって有益であれば、店舗で吟味する時間を短縮できる可能性もありますから、必ずフォローしていただけます。

さらに、「○○店のアカウントは、ファッション感度が高いOL向けの商品を発信しているからフォローしておこう」と、すでにブランドのファンのお客様はもちろん、「ブランドの商品は購入したことがなかったけど、○○店のスタイリングは好きなテイストだし、自分のライフスタイルに役立つからフォローしよう」というインスタユーザーにも、店舗のカラーを知っていただき、来店のきっかけをつくることができます。

まずは自店のお客様を知り、そこに合わせた商品をお届けするといった視点で発信をはじめてみましょう。

POINT

この型ならば、顧客様の「下見」の手間が省ける

35 個人が頑張れば、「店舗アカウント」は盛り上がる

ここでは、もう1つの店舗アカウントの運用パターンをお届けします。

先ほどは、店舗のターゲット層に発信内容を合わせていく「コミュニケーション型」をお届けしました。もう1つの方法は、各スタッフが個人アカウントで発信した内容を集約していく「キュレーション型」です。

本書の冒頭でもお伝えしたように、店舗アカウントを運用しようと思ったら、スタッフも自分ごと化しにくい分、運用が難しい面もあります。

しかし、「キュレーション型」は各スタッフの個人アカウントを活用し、店舗とスタッフの双方がメリットを得る仕組みです。**店舗のターゲット層へ向けた発信とは違い、各スタッフの個性が尊重されるので、個人アカウント運用が3名以上進んでいる店舗には、こちらの方法をオススメします。**

「店舗アカウント」の６つのパターン

PR型

すでに多くの顧客がいる大手ブランドに多い。新作情報やイベント告知などのお知らせをすることが目的。

LOOK型

デザイナーズブランドに多い。外国人モデルを起用するなどブランドの世界観を伝えることが目的。

EC型

ECで見るような商品写真をメインに投稿。商品の詳細はよくわかるが、企業感が目立つといったデメリットあり。

SNAP型

店内イメージ、トルソーの着用写真、新作アイテムをハンガーにかけたまま撮影など、「企画」のつくり込みがイマイチ。

「商品を売りたい」「お客様とコミュニケーションを取りたい」場合は、この2パターン！

コミュニケーション型

店舗イメージを確立する方法。全ての商品を紹介するのではなくて、店舗の立地・客層からメインのターゲット層を絞り、そのお客様が知りたい情報に焦点を当てて発信する。

キュレーション型

各スタッフの個性を活かす方法。各スタッフアカウントで、反応がよかった投稿を発信したり、投稿を担当するスタッフにより、違うテイストのスタイリングが楽しめるパターン。

販売員のあなたにとってインスタを活用する目的は、指名される販売員になること。せっかくなら、店舗のインスタもその観点で運用できたほうがいいですよね。

仮に、所属する企業から「店舗アカウントの活用を強化するように」と指示があったとしても、個人アカウントで作成したコンテンツを店舗アカウントで活用できれば、店舗アカウントのクオリティが上がり、販売員のあなた自身の価値にも繋がり、結果企業にとってもメリットになります。

店舗アカウントのために投稿を考えるのではなく、同店舗に所属するスタッフ各自で個人アカウントを立ち上げ、**その中で「いいね」や「保存」数が多く、反応がよい写真を店舗アカウントで発信してみてはいかがでしょうか。**

もちろん、「全員が個人アカウントを設立し、店舗アカウントの運用をするのは難しい」といった声もあるかもしれないので、前向きにインスタ活用に取り組んでいきたいと手を挙げたスタッフを中心に、進めていく形がベストだと思います。

キュレーション型を効果的に行うために

どのようにルーティーンを組んでいくかというと、スタッフごとに担当する曜日を決め、各々で発信するのが一番スムーズな方法です。

店舗アカウントのログイン情報（ユーザーネームとパスワード）さえ共有しておけば、各スタッフのスマホから更新が可能なので、発信するメンバーで権限を共有しておきましょう。ログイン情報共有の手順は、

（1）ユーザーネームとパスワードを共有する
（2）【プロフィール画面】の左上のユーザーネームの部分をタップする
（3）一番下の【＋アカウントを追加】を選択し、【既存のアカウントにログイン】を選択して、（1）の情報を入力し、【ログイン】をタップ

実際に投稿する中で、スタッフごとに「いいね」や「保存」数に差があった場合は、店頭接客と同じようにどこを変えればもっとよくなるのか、全員で改善案を考えまし

ょう。このような発信以外でのチームの協力が、結果魅力的な店舗をつくり上げていきます。

また、各スタッフがセルフブランディングをしたうえで発信している場合、着用テイストのすり合わせを行う必要があります。

例えば、似たテイストのスタッフが2名以上いた場合は、「パンツ派・スカート派」「ゆったりした着こなし派・タイトな着こなし派」というように、スタイリングの軸を店舗アカウントでは少しずらし、お互いの個性を尊重し合いながら「担当」を決めましょう。**「〇〇さんのときは、こういうコーデが知れて、〇〇さんのときはこういうコーデね」と誰が見てもわかるようにしておくことが、個性豊かな販売員が集まる店舗として、お客様の目に留まるのです。**

POINT

この型ならば、共感するスタッフをもっと知りたくなる

36 「個人アカウント」と「店舗アカウント」を紐づける方法

「キュレーション型」の実践編です。店舗アカウントを各々で発信しながら、さらに個人アカウントへと紐づけていきましょう。

3つの方法があるのでご紹介します。

❶プロフィール文に「ユーザーネーム」を貼り付けておく

プロフィール文の中に「@may_ugram（個人アカウントのユーザーネーム）」を入れておくと、店舗アカウントをのぞいたお客様がすぐにあなたのアカウントを見つけることができます。文字数以内なら複数人タグ付けができるので、まずは発信意欲の高い3名だけ載せるなど、厳選して付けてもいいかもしれません。

❷ストーリーズに各スタッフの自己紹介を流し、ハイライトに固定する

各スタッフのプロフィール画像を作成し、店舗アカウントのストーリーズで流しましょう。その際にあなたのユーザーネームのタグ付け（メンション）は忘れずに。

ストーリーズの内容は、あなたの写真に「呼んでほしい名前（MAYUなど）」「スタイリングの担当（モノトーン・モード担当）」「意気込み（おしゃれ偏差値をワンランクアップさせる上級者コーデを発信します！）」を書いておくと印象に残ります。注意点は、担当の発信スタイリングとあなたの写真イメージが一致しているかどうか。「モノトーンなモード服を発信する」と言っているのに、写真ではパステルカラーの服を着ていたら……、あなたの担当の意味がなくなってしまいます。

ストーリーズに無事アップできたら、ハイライトに残しましょう。

（1）【プロフィール画面】にある新規投稿の【＋】から【ストーリーズハイライト】を選択

（2）ハイライトにまとめるストーリーズをいくつか選択し、右上の【次へ】を選択

（3）【カバーを編集】から表紙にふさわしい写真を選び、右上の【完了】を選択

（4）ハイライトに「スタッフ紹介」などテキスト入力し、右上の【追加】をタップ

これで、ハイライトから、個人アカウントへ飛ぶ導線が確保されます。

❸まとめ機能を使って各スタッフの投稿をまとめておく

（1）【プロフィール画面】にある新規投稿の【＋】から【まとめ】を選択

（2）【場所・商品・投稿】が出てくるので、【投稿】を選択

（3）下の【投稿・保存済み】というタブから、【投稿】を選択して、自分の投稿を複数選択しまとめることができる

先に各スタッフが「まとめに掲載する画像」を投稿しておき、店舗アカウントでその投稿をスタッフごとに分類しておくと、スムーズにスタッフリストが作成完了。

まとめから直接各スタッフの投稿へ飛べますが、店舗のまとめページの中にも文章を入れられるので、ここにも「呼んでほしい名前」「スタイリングの担当」「意気込み」などを書いておきましょう。

❶〜❸の方法を利用して、必ず店舗アカウントから各スタッフの個人アカウントに飛んでもらえる動線を確保してください。

また、各スタッフのフォロワーが店舗アカウントを見た際に、他スタッフのことを知ってもらうことで、より一層店舗の価値に繋がるため、スタッフ同士でも積極的に紹介していくことがオススメです。知っているスタッフが多ければ多い店舗ほど、お客様にとって居心地がいいと思いませんか?

そして、各スタッフの個人アカウントでもプロフィール文に店舗アカウントをタグ付けしましょう。「店舗・あなた・同店舗のスタッフ」と行き来してもらえるように、各自がお客様のために発信することができれば、いつのまにかリアル店舗以上の繋がりができていることでしょう。

POINT

さらにスタッフ同士でタグ付けし合うと、効果アップ!

37 新しい評価指標は、「今日、何名と繋がれたか」

販売員時代、私は店頭に立つ前に売るための戦略を立てていました。

そのときに、ロジックツリーというものを使って、「予算」は「客数・客単価」からできていて、さらに「客数」は「接客回数・決定率」からできている。また「客単価」は「1点単価・セット率」からできているんだと知りました。

インスタではどのように目標数値を設定していけばいいのか、ここでお伝えしたいと思います。

あなたにとって、いままでは「売上」が全ての評価基準でしたが、これからは「来店されたお客様に対して、再来店していただけるアプローチを何名にできたか」も加わります。それを、普段の店頭接客に合わせて設定し、目標をクリアできるような行動をぜひ取ってほしいのです。

なぜなら、「新規のお客様がどれだけ来てくれるか」といった見込みが、いままで以上に厳しいからです。リピーターを構築していかなければ、あなた自身の価値はもちろん、ブランドの存続さえ難しい状況です。この本に出合ってくださったあなたには、成果をコントロールする力を身につけてもらいたいと思います。

ロジックツリーを活用する

最初にお話しした「予算」は、そもそも店舗の「年間予算」から「月間予算」を算出して、さらに「1日の予算」を出勤人数で割り振ったもの。

インスタの目標設定に置き換えると、通常は「1年間でフォロワー○人を目指すならば、月に○名フォロワーを増やさないといけなくて、1日に○名フォロワーを増やせば達成する」と、最終的に達成したいフォロワー数から逆算して考えます。ただし、販売員さんの場合、いきなり「年間1万フォロワー」を目指して「1日30フォロワー」の増加を目指すのは正直難しいと思います。

なぜなら、実現するには相当な時間を使うからです。日々の接客をしながらインスタの発信を継続し、指名される販売員を目指す形がベストだと思うので、**「月に接客するお客様の人数」から逆算して、「1日何名にインスタアカウントをお知らせして、何名がフォローに繋がるか」といった考え方が現実的です。**

その際に、店頭でアカウントをお知らせする機会は逃せません。

1日10名に接客するのであれば、半数の5名には必ずアカウントをお知らせし、2人にフォローしてもらう。出勤日が月20日あったとすると、月40名のフォロワーが増える計算です。

ここで半数の5名としたのは、毎回お客様としっかりお話しできるとは限らないからです。「接客した人全員に必ずインスタをお知らせするぞ!!」と意気込みすぎたあまり、お客様に引かれてしまったり、全員にお知らせしたのに誰もフォローしてくれなかったということがないように「いい接客ができた!　お客様と心が通い合ったような気がする」とあなた自身が感じた方だけに、インスタをお伝えするのです。

大事なことは、退店後に「またあなたに会いたい」と思うお客様を増やすことですから、まずは担当したお客様の半数には、気持ちのいい接客ができるように磨きをかけていきましょう。

それを1年間続ければ、480名のフォロワーが増えます! **店頭で出会った480名のお客様と繋がるということは、見知らぬ5000名にフォローされるよりも強力な価値があります**。なぜなら、フォロワー数を増やすことが、そのまま集客やセールスに直結するからです。

「インスタで商品を売りたい」人たちは、フォロワー数を増やすことができても、最終的にそこから購買に繋げることが大きな課題です。一方で、**販売員のあなたはその逆で、最初から買ってくれるお客様と繋がれます**。そのメリットを最大限活かして、今日も接客した半数の方にアカウントをお知らせしましょう。

POINT

「接客した半数にお知らせする」と決めてしまおう

38 店頭に立つ前に、「今日の戦い方」を考えていますか？

前項でフォロワーを増やすための考え方をお伝えしましたが、「ロジックツリー」を改めて説明すると、問題をツリー状に分解し解決策を探す「思考ツール」のことです。この説明だけ聞くと、なんだか難しそうですが、むしろシンプルです。

例えば、「今日は30万円売るぞ！」と意気込んで店頭に立ったところで、運の勝負になり、目標はクリアできません。そんなときに、このロジックツリーを使えば、「答え合わせ」ができます。目標数値と結果の「差」を知って行動を改善していくイメージです。

「店頭に立つ前に、売り方を考えたことがなかった」という方は、とてもラッキーです！　今日からあなたも「戦略を立てる」といった思考を身につけましょう。

では、実際にどうやって目標を立てるのか、私が販売員時代に実践していた方法をお話ししますね。出勤したら、店頭に立つ前に「事前準備」をします。

❶日割り予算から「個人予算」を計算する

（例）店舗の日割り予算が100万円で、スタッフが4人の場合

● 個人予算25万円

❷個人予算に対して、「客数・客単価」を考える

（例）個人予算が25万円の場合

● 5名のお客様に5万円ずつ売るのか

● 10名のお客様に2・5万円ずつ売るのか

❸客数に対して「接客回数・決定率」、客単価に対して「1点単価・セット率」を考える

（例）5名のお客様に、客単価5万円を目標に設定した場合

（1）接客回数・決定率

- 20名の接客に対して25％の決定率なのか
- 雨の日で客足が止まりそうなら10名の接客に対して50％の決定率なのか

（2）1点単価・セット率

- S/S（春夏商品）なら1点単価が下がるので1万円前後の商品を5点なのか
- A/W（秋冬商品）なら5万円以上のアウターを1点なのか、もしくはニットとスカートで約2・5万円の商品を2点なのか

挙げたものは例ですので、あなたの店舗の前年データや、曜日や季節、商品のラインナップなどから今日はどの戦略で売るか考えましょう。

この流れで「今日の戦い方」を決めてから店頭に立ち、戦略通りに商品を売ると、「自分の立てた目標数値」と「リアルな結果」の矛盾に気づきます。

例えば、個人予算が25万円だった日に、左ページのようなロジックツリーをつくり目標を立てたとします。土日は来店者数が多いから「❸接客回数」を20名と設定したとしましょう。片っ端からお客様に声をかけ「結構売れた！」と思い個人売上を見ると、「全然予算に達成してない」という事態になっていました。

そんなときに、ロジックツリーと結果を照らし合わせてみるのです。

すると、目標にした「❷客数」の5名は達成したのに、「❷客単価」が5万円に全く届いていなかったから、25万円に達成していないということに気づきます。あなたが販売した5名のお客様の「❷客単価」が2・5万円ならば、「❷客数」は5名ではなく、10名でないと予算に到達しません。

つまり、今日のあなたの「客単価」のままでは、10名以上のお客様が購入してくださらないと予算を達成できないので、「❸接客回数」20名のうち、「❷客数」は10名、「❸決定率」が50％の買い上げに繋がらないと予算に達成しないということです。

結構売れたのに、なぜか予算に達成していないときは、このように1つひとつ紐解いていくと、感覚と現実のズレが明確に理解できますよね。

ここであなたの選択肢としては、「❷客単価」を5万円に引き上げるための接客力

個人予算が25万円だった日のロジックツリー

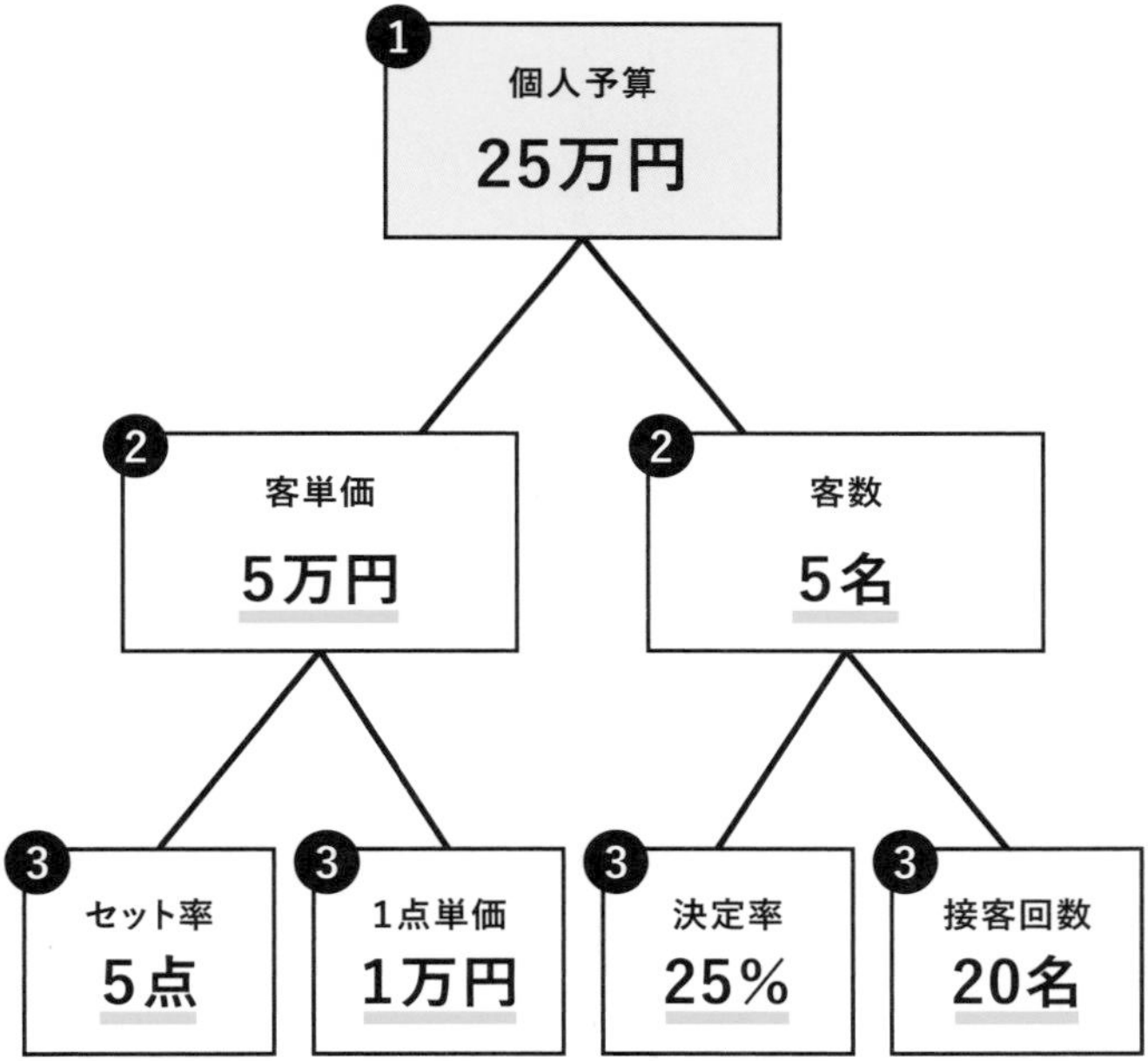

今日は個人予算が**25万円**だから、**20名**に接客して**5名**に買っていただこう(決定率**25%**)。春の新作がたくさん入荷したから、オススメする商品は**1万円**前後のアイテムにして、**1人5点**買っていただければ、予算に達成するな……。

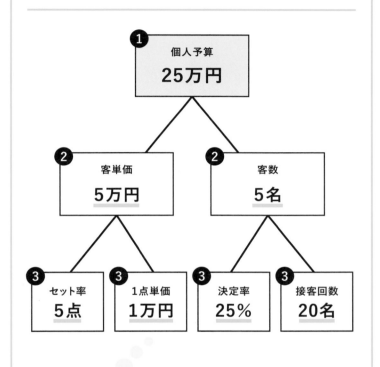

に磨きをかけるのか、「❷客数」を10名に増やすためのスピードを磨くべきなのか……。というように原因が細かく追求できるだけでなく、今後の強化すべき点に気がつくことができます。

トップ販売員になれるかどうかの差は「接客スタイルを環境に合わせて瞬時に切り替えられるか」に全てがかかっています。成果をコントロールするために毎日目標を立てて、「頭の中に接客パターンをためること」がこのロジックツリーを使う目的です。

いかがでしたでしょうか?

明日からぜひ、このロジックツリーを使って、予測通り売れるかどうか試してみてください。その中で、接客した人数に対して半数にインスタのお知らせをし、何名がフォローに繋がったか、退勤時に振り返れるようにしましょう。

POINT

自分の勝ちパターンは、ロジックツリーでつくれる

Chapter 06

このひと手間で、〝売上アップ〟の循環がつくれる

39 「商品購入」してもらうための導線づくり

Chapter 06では、商品を売るための具体的なテクニックをお伝えします。日々の接客と、発信という「未来への種まき」の両立に慣れてきたら、インスタで売上をつくることもできます。また、勤務時間のみならず、休日も積極的に発信していきたい方へ向けて、新規のお客様へ向けた拡散方法やプラスαでできることもご紹介いたします。

「インスタで商品を売りたい」と思っているにも関わらず、目的地（商品の購入先）を決めていないアカウントをよく見かけます。せっかく発信を頑張っていて、参考にしてくださるお客様がたくさんいるのに、どこで買ったらいいのかわからないとしたら、本末転倒です。

発信内容が決まったら、どこで購入してもらうかを決め、インスタからどうやってその場所にたどり着くのか導線を確認しましょう。

商品購入までの導線は必ずチェック

インスタの投稿文には、リンクを貼り付けても機能しません。ただの文字列として掲載されて、タップしてもリンク先に飛べない仕組みになっています。

そのため、ベーシックな導線は、プロフィールのウェブサイト欄にECのリンクを貼る方法です。しかし、あなたの投稿を見て「この洋服を買いたい！」と思いプロフィール画面からECへ飛んでも、投稿商品をすぐ見つけられない場合があります。

そんな懸念点を解消するために、投稿文には「検索方法」まで書いてあげましょう。

これは、各ECのつくりにもよりますが、サイト内に検索機能がある場合は、「何と入力すれば、一発で商品にたどり着くのか」を販売員が知っておく必要があります。調べてみると「思ったよりたどり着くのが複雑」というように、あなたでも難しい場合がありますから確認しておきましょう。

また、投稿した商品がECで売り切れていたり、そもそもまだECに掲載されていないこともありますよね。

その際は「ECは品切中ですが、店舗での通販も受けつけております。詳しくはDMにて」など、「注文方法」と「どこに連絡したらいいのか」を投稿文に記載してください。こういった丁寧な対応が信頼を積み重ねていきます。

コーディネートアカウントを活用する場合

もう1点、販売員のプロフィール画面でよく見かけるのは、WEARなどの「コーディネートアカウント」のリンクではないでしょうか。

投稿で気になる商品があったときに、発信者である販売員のコーディネートアカウントを経由して、ECにたどり着く方法です。

このパターンで売上を個人評価に繋げるには、〝コーディネートアカウントから〟ECに飛んでもらうことが必須条件です。そのため、インスタでは商品詳細を記載せずに、「続きはWEARで」とコーディネートアカウントへ誘導する方が多いのですが、残念ながらそれでは、インスタでのファンも購入者も一向に増えません。

どうすればいいかというと、インスタ内でも情報（商品名・金額・着こなしのポイント）を全て公開して、情報発信をインスタメインとすることです。

「インスタで情報を出してしまったら、WEARに来てもらえないのでは？」と心配しなくても大丈夫！　元々ZOZOTOWNで購入するお客様は、プロフィール文からWEARに飛んであなたのコーデ詳細から買います。

なぜなら、サイト内で検索する手間が省けますし、同じ商品がほしいのに間違えて違う商品を買ってしまうようなリスクもなくなるからです。

また、金額が記載されていない投稿もよく見かけますが、あなたは買い物をするときに、金額がわからないものを買いたくなりますか？

よっぽど可愛いと思える商品に出合ったときに、「これは○円以内なら買いたい！」と「商品ファースト」でほしくなる可能性はありますが、多くは「金額と商品のバランスを見て検討したい」という方ではないでしょうか。

つまり、なんとなく可愛いかもと思った商品が「え、1万円以内!?　それなら買いたい」というように、結局購入の決め手になるのは金額だということです。

店舗で買い物をするお客様は「商品ファースト」の確率が高いですが、インスタやECなどのネットで購入を検討する場合は、「金額ファースト」の場合が大半です。

つまり、事前に金額を提示しておけば、ECのクリック率も上がるというわけです。

「あなたの投稿を見て商品を購入した」というきっかけを重ねていくことが、「影響力」に繋がりますから、今日からインスタに詳細を全部書いておきましょう。

ショッピング機能が活用できない場合

3つ目の導線として、「ショッピング機能」があります。

インスタの投稿からそのままECへ購入を促すことができる機能ですが、ショッピング機能を使うには、ブランドの公式Facebookアカウントから登録する必要があるので、販売員個人での使用は現状難しいかと思います。


1万フォロワーを超えれば、ストーリーズから外部リンクへ誘導できるので、投稿をすると同時に、ストーリーズでの発信も行い、ECの商品ページへ直接飛ぶリンクを貼るといいでしょう。

（1）【プロフィール画面】から新規投稿の【+】を選択し、【ストーリーズ】を選択
（2）写真フォルダから発信したい画像を選択
（3）画面上の右から4番目にある「リンクマーク」を選択
（4）【ウェブリンク】の箇所に該当リンクを入力後、右上の【完了】を選択し、左下の【ストーリーズ】を選択

ストーリーズは24時間で消えるため、オススメ商品としてハイライトでまとめておくことも有効です。

POINT

1万フォロワー未満ならば、リンクは「プロフィール画面」に

40 いますぐ購入へ誘導できる「まとめ機能」って？

1万フォロワーを達成していない方に向けて、朗報です。「まとめ機能」を使ったことはありますか？　**ショッピング機能の登録ができない個人アカウントでもECの商品ページへ誘導できる、非常に素晴らしい機能です。**

（1）【プロフィール画面】にある新規投稿の【＋】を選択し【まとめ】を選択
（2）【まとめのタイプを選択】というタブの【商品】を選択
（3）ショッピング機能が導入されているアカウント一覧が表示されたら、検索欄に所属ブランド名を入力
（4）1点目の商品を選択し【商品・投稿・ショップ】のタブから画像を選択（商品1点につき、5枚の画像がスワイプで表示できる）し、【次へ】を選択

（5）【商品を追加】から2点目の商品を選択し（4）同様画像を選択し【完了】をタップ。商品を追加する場合は（5）を繰り返す

（6）【タイトルを追加】に「オススメ商品」などとテキスト入力し、【カバー写真変更】で【投稿・保存済み・まとめより】のタブからカバー写真を選択

（7）【次へ】を選択し【シェア】をタップしてまとめ完了

ちなみに、（2）で【投稿】を選ぶと、過去の投稿を「カテゴリ分け」することができ、スタイリングや商品を見てもらいやすくなります。テーマごとにまとめたり、セールリストとしての活用もオススメ。**ただしまとめられるのは、ショッピング機能に登録された商品のみなので、表示される商品数はブランドによってまちまちです。**所属ブランドの登録商品が少ない場合は、本部へ声を上げることも有効です。

POINT

すぐに購入できる環境づくりも、販売員の仕事

41 見込み客にアプローチする「いいね周り」のススメ

販売員は、フォロワー数を大きく伸ばさなくていいとお伝えしてきましたが、ある程度発信がルーティーン化できると、インスタ運用が楽しくなります。あなたにも「発信しないとなんだかそわそわする」ところまで到達する日がきっと来ます。そうなったらぜひ実行していただきたいのが、「拡散作業」と「投稿の分析」です。

拡散作業とは「いいね」を周ること。なぜなら、投稿を続けていくだけでは、新規のインスタユーザーへ届けることがなかなか難しいためです。

ここまでは、指名される販売員になることを目的に、接客をしたお客様と繋がり続ける手段に重点をおいてきましたが、「休日もインスタに取り組みたい」と思えるようになったら、**未来のお客様になる可能性を秘めたインスタユーザーと積極的に出会**

うために、「いいね」を周ってみましょう。

フォローに繋がるいいねの周り方

普段いいねをするときは、あなたがフォローしている人の投稿をタイムラインで見て、「いい写真!」「おいしそう!」など、自分がいいと思った投稿にハートボタンを押していたと思いますが、販売員のアカウントでは、お客様になっていただける見込みのある方だけに、いいねをしましょう。

3つのポイントに沿って周るとより短時間で効率的に見込みのある方と出会えるのでお伝えしますね。

❶所属ブランドの公式アカウント

所属ブランドに「公式アカウント」がある場合は、公式アカウントのフォロワーにいいねを周るのが効果的です。すでにブランドのファンとしてフォローしてくれているわけですから、ファッションテイストの相性は間違いありません。

全国各地の人がフォローしているので、来店に繋げるのは難しいかもしれませんが、フォローしていただくうえでは十分に価値があります。**店舗であなたから購入しないとしても、商品の詳細やスタイリングを参考にしていただける方を1人でも多く増やすことが、あなたの進むべき方向性だからです。**

❷所属ブランドの関連ハッシュタグ

所属ブランドに関連するハッシュタグを検索し、「最新」の投稿からいいねを周ってみましょう。

なぜ「トップ」から周らないかというと、ファッションインフルエンサーの発信が多いからです。販売員としてファッション感度の高い方にフォローしてもらえるのは、あなた自身のブランド力に繋がりますが、ハードルは相当高いと言えます。

そのため、**あなたの投稿を参考にしていただけそうな「ファッション初心者」の方から周っていくことをオススメします。**ファッション初心者かどうか基準は人それぞれ違いますが、「私だったらこのお客様に、もっと似合う洋服を提案できるのに！」と思うかを基準にしてください。大々的に顔出しをして、明らかにおしゃれな着こなしをする「インフルエンサータイプ」の方へいいねを周るのではなく、着こなしにまだまだアップデートの余地がある方、統一感のないフィード画面の方は、**インスタ内で「情報の受け手」としておしゃれな人の発信を参考にしている可能性が高いです。そういった方にアプローチをするとフォローしてもらいやすいのです。**

❸勤務地エリアの関連ハッシュタグ

ここで勘のいい方は、すでにお気づきかと思うのですが、Chapter 03の119ページ「新しいお客様と出会える『4つのハッシュタグ』」でターゲットを定めたように、いいねを自ら周るときにも同様の絞り方をします。

最近勤務地の近くにできたお店に行っている方や、勤務地エリアのカフェ系ハッシュタグ「#表参道カフェ」などを付けて発信している方の中から、あなたと同じファッションテイストで、かつ参考にしてもらえそうな方へいいねを周りましょう。

❹ファッションインフルエンサーのフォロワー

いいねを周っている最中に、あなたの発信テイストに近いファッションインフルエンサーを発見したとします。「インフルエンサー」の定義は人それぞれですが、一番わかりやすい基準はフォロワー数。**あなた自身の少し先を行くフォロワー数を抱えるファッションインフルエンサーを見つけたら、「フォロワー」へいいねを周りましょう。**

間違えないでいただきたいのは、ファッションインフルエンサーへいいねするのではなく、情報の受け手となっている「フォロワーに対してする」ということです。

例えば、あなたが200フォロワーであれば、「1000フォロワー前後」の方であなたの発信とテイストが似ているファッションインフルエンサーや、販売員のアカウントを。いま1000フォロワーを超えていれば、「2000～5000フォロワー前後」のアカウントを、5000フォロワーを超えていれば、「1万フォロワー前後」のアカウントを基準にするといいでしょう。

なぜなら、フォロワー数のボリュームによってフォロワーの層が変わるからです。最近育ちはじめたアカウントのファンになる方は、フォロワー数に関係なく「投稿がいい」と思えばフォローをしてくれますが、数万～数十万を超えるアカウントのフォロワーは「みんなが支持しているから間違いない」といった理由でフォローする傾向があるので、そもそも「フォローする基準」が違います。そして、たくさんのフォロワーを抱えるファッションインフルエンサーは何年もかけて相当な努力をしてきた方々なので、熱狂的なファンも多いはず。

つまり、テイストが似ていたとしても有名ファッションインフルエンサーのフォロワーに、あなたのアカウントをフォローしてもらえる可能性は低いのです。

このように、「フォローしてもらえるか」といった可能性も含めて、効率よくいいねを周ることが、時間を無駄にせず見込みのある方と繋がる方法です。

いいねを周る際に気をつけるポイント

最後に、いいねを周るときのポイントを2つお伝えします。

1つ目は、1人の方へ「3いいね」ずつ周るということ。いいねをする理由は、自分のアカウントの存在に気づいてもらうためなので、「1いいね」だとアクティビティ画面（ホーム画面の右上にある♡マークのこと）から自分の存在に気づいてもらえません。アイコンが複数重なり、いいねをされた側には、誰が押してくれたのか伝わらないからです。必ず「3つの投稿にいいねする」と決めて、気づいてもらうための行動を取りましょう。

2つ目は、いいね周りにかける時間です。インスタ側の規制で、いいねを過剰に連続して行うとアカウントが停止します。ロボットのように一定の速度で数時間いいねをしても、アクセスや操作に制限がかかることが起こり得るので、**1日2時間以内を目処に周ることが適正です。**

過剰ないいね周りは避けて、あくまで投稿に気づいてもらうための後押しとして活用しましょう。そのためにも、不特定多数にいいねを周るのではなく、ある程度の見込みのある方だけにいいねを周ることが効果的です。

POINT

ロックオンすべきは、「情報の受け手」であるアカウント

42 「インサイト」があれば、何度でもヒットはつくれる

あなたが発信した投稿を、より多くの人に届けるためにはどうすればいいか？

そのためには「投稿内容の分析」が必要不可欠です。発信した投稿の過去データを分析し、人気だった投稿を自らもう一度再現したり、改善を重ねてさらに届くような投稿をつくるのです。

この分析を続けていくと、自分で仮説を立てて検証する力が養われます。それがいわゆる「マーケティング力」です。

分析は「インサイトデータ」から確認します。

まず、インサイトを確認するためには、「プロアカウント」へ切り替える必要があるので、その手順をお伝えします。

（1）【プロフィール画面】の「オプション（三本線マーク）」を選択し【設定】を選択

（2）【アカウント】を選択し、【プロアカウントに切り替える】を選択し【次へ】を4回タップ

（3）【カテゴリ】を選択し、【プロフィールに表示】にチェックし、【完了】をタップ

「プロアカウント」への切り替えが無事完了したら、実際に「インサイトデータ」を見てみましょう。注目すべきは、「保存数」と「リーチ数」です。

（1）【フィード画面】に表示される各投稿の左下にある【インサイトを見る】をタップし、画面を上にスライドし、【保存】と【リーチ】を確認

（2）一番右上にある「保存（リボンマーク）」で、投稿を保存したアカウント数を知ることができる

（3）【リーチ】で、投稿を閲覧したアカウント数を知ることができる

各数字をエクセルシートなどで可視化し、一番件数が多かったもの、少なかったものを洗い出すことで、なぜこの投稿は伸びたのか、伸びなかったのかを考えます。

- 商品自体がキャッチーだったのか（雑誌掲載・売れ線商品）
- 商品の撮り方の問題だったのか（物撮り・着画・上半身・全身）
- あなた自身の写り方の問題だったのか（顔が写っている・写っていない）
- スタイリングの問題だったのか（色味・トレンド・独自スタイル）
- シーズンの需要だったのか

など、あなたの投稿画像に含まれる要素を検証します。

ファッションジャンルの投稿では、スタイリングが大きな比重をしめますが、スタイリング写真の撮り方・雰囲気・あなた自身に似合っているかなど要素が組み合わさって、いいねや保存に繋がります。

いいね数が伸びれば「リーチ数」へ繋がり、保存数が伸びれば「インプレッション数（投稿の閲覧回数）」へ繋がります。また、いいね数は「投稿にインパクトがあるかどうか」、保存数は「投稿が参考になるか・後から見返したいか」がカギになるので、2つのバランスを考えてつくり込みましょう。

そのうえで、先ほど箇条書きした点を検証し「あなたの勝ちパターン」を見つけて、その軸をベースに発信ができれば、いいねを周らなくともたくさんの新規のお客様へ投稿を届けることができます。そこで、あなたの存在を知り、アカウントの情報に価値があると認識してもらえればフォローしてもらえます。

投稿の分析は、最初は楽しくないかもしれませんが、仮説が当たり出すと、投稿内容を考えることが楽しくなってきますので、休日もインスタのフォロワー数を伸ばしたいと思ったときにぜひ取り組んでみてください。

POINT

ビジネスで使うならば、「プロアカウント」に切り替えよう

43 「ストーリーズ」でサプライズを演出する

続いて、質問の多いストーリーズについてです。

出勤日であれば、新作の入荷情報や本日の店頭コーデなど、店内商品を使ったリアル感のある発信をしましょう。店内にいなかったとしても、ストーリーズを「毎日のお知らせ」と位置づけて、撮りだめていた写真とともに新着情報をお伝えすることがオススメです。

セールのお知らせやイベントの告知なども、投稿で知るかストーリーズで知るかで受け手の印象が変わります。不特定多数へ向けてお知らせすることに変わりはないのですが、**ストーリーズは24時間で消える流動性のあるコンテンツなので、お得な情報をストーリーズで知れたときにお客様は「タイミングよく見れてよかった」と充足感を得られます。**

私も、ストーリーズの投稿からラッキーな思いをしたことが何度もありました。そのうちの1つは、限定品の予約販売のお知らせです。

好きなアパレルブランドなので情報は追っていたのですが、たまたまそのブランドのストーリーズを見たときに、まだ知らなかった「限定品抽選のお知らせ」が流れてきたので、すぐに申し込みました。あのときインスタを見ていなければ購入できなかったので、本当にラッキーだったなと思います。

このように、抽選販売や予約販売、プレセールのお知らせはフォロワーにとって嬉しい情報なので必ずストーリーズで発信しましょう。

プライベートな配信は何を基準にすべきか

では、休日もストーリーズの発信をしたくなったら、自分のライフスタイルをどこまで載せていいのか線引きに悩みますよね。

基準にしてほしいのは、「プロフィール文と連動しているか」ということです。

例えば、モード担当で「おしゃれ上級者コーデ」を発信している販売員が、休日にラーメン屋さんへ行って、それをストーリーズで発信したとしましょう。

ファンが増えてきたタイミングであれば、「真由さん、ラーメンも食べるんですね！　親近感が湧きます！」と喜ばれるかもしれませんが、残念ながらアイドルでもないのでそれはないに等しいです。

モード軸から外れない範囲で、あなたの休日コーデであったり、最新の購入品であったり、よく買い物へ行くお店のことだったり、あなた自身にまつわることでありながら、「最初に決めた発信軸からブレない」ということが大事です。

販売員のあなたがストーリーズで発信すべき情報は、やはり「ファッション」にまつわること。所属ブランドに関係なく、プライベートで愛用しているファッションアイテムを紹介してみましょう。ファッションに合わせたメイクやお気に入りのアクセサリーなど、なかなか店舗では紹介できない**「あなた自身のおしゃれのつくり方」ならば、知りたいフォロワーさんはたくさんいるのではないでしょうか。**

プライベートアカウントと販売員としてのライフスタイルアカウント。

絶妙な差のように思えるかもしれませんが、わかりやすく説明すると、視点が違います。プライベートアカウントは「自分軸」。つまり、自分の好きなものだけ発信し、これを載せてはいけないというルールはありません。それは、あなたの趣味のためのアカウントなのですから。

しかし、販売員であるあなたがこれからアカウントを運用するときには、「他人軸」が必要です。同じライフスタイルアカウントでも販売員のライフスタイルアカウントでは、Chapter 03で決めた「誰が見てもわかるあなた像」からずらさないこと。自分で決めた軸から外れないように、かつ見てくださるお客様にとって有益な情報を考えてストーリーズも更新しましょう。

なんでもかんでも載せない。それが一番のポイントです。

POINT

「限定感」と「お得感」で、お客様の心をグッと掴む

44 リアルな接客体験を「インスタライブ」で届けよう

コロナ禍によって一気に加速したのが、インスタライブの活用です。

お客様からすると、好きなブランドや販売員のライブ配信は、ウィンドウショッピングの代わりになります。販売員がリアルタイムで商品を説明して、疑問点があればコメントができるので家にいながら接客を受けているような気分ですよね。

一方店舗からすると、来客数が少なくなったいま、ライブ配信を通してインスタ内にもお店を持たないことには、お客様から選んでもらえない現状があります。

このようにインスタライブは双方にとってメリットがありますが、実際に配信する販売員にとっては、「お客様の表情がわからなくて苦手」と感じている方も多いのではないでしょうか。

インスタライブをするときのコツは、

❶自分の素が出せるスタッフと一緒に登場する

1人だと話しにくい場合、気の知れた同じ店舗のスタッフと2、3人で配信するといつもの自分に近い状態で話せます。**ペア配信のコツは「話し手（商品の説明）・聞き手（コメントを読み上げる）」に分かれて役割を決めておくこと**。同時に話し出したり、1人だけ話し続けていると配信を見ている側は疲れてしまいます。

2人の役割が明確で、かつ会話が弾めば、スマホ越しのお客様も楽しめます。

❷「事前に何を話すか」を準備しておく

面接でも、どんな話しをするかある程度事前に用意すると思いますが、インスタライブでも話す内容を事前に決めておくことが必要です。また重要なことを話し忘れないように、画面に写っていない場所にメモを置いておくか、**スマホやタブレットが見れる場合は、そこに話しの流れやキーワードを書いておきましょう**。ペアで配信する際は、相手のスタッフへ共有しておくことも必要です。

❸慣れるたびに「今日の目標」をステップアップしていく

配信前に、自分が納得できる「基準」を決めておきましょう。

（1）10分間、笑顔で話し続けることができる
（2）商品のよさを存分に語れるようになる
（3）商品を買いたくなるようなトークができている
（4）自分のキャラを出せている

このステップを1つずつクリアできれば、インスタライブはマスターできます。（1）ができたら、（1）＋（2）を。それができたら次は（3）も。という具合に少しずつ、個人のペースでできることを増やしていきましょう。

店舗から配信する場合には

アパレル販売員のインスタライブは、店舗からの商品紹介・自宅からのプライベート配信の2パターンあります。

店舗から商品を紹介する配信では、閉店後や、来店者が少ないタイミングを見計らって配信するお店が多いです。配信頻度は、新作入荷のタイミングで「これはインスタをご覧のお客様の反応がありそう！」と思ったアイテムをピックアップして配信する形がベストです。**また、配信は突然実施するのではなく、配信日時と配信内容を定めたうえで、「来週の○時にインスタライブをします」と事前にストーリーズや投稿の投稿文でもお知らせをしましょう。**

仮に、リアルタイムで数人しか見ていなかったとしても、ライブ配信後にIGTVへ残しておくことで、後から見返していただくことが可能です。IGTVに残すことでライブ配信がストックできますから、数日後や数週間後に買い物の参考に、以前のインスタライブを見る方はたくさんいるはずです。

自宅から配信する場合は

自宅から配信するパターンでも、「事前のお知らせ」と「何を配信するのか」は大切です。先ほどのストーリーズ同様、見てくださるお客様にとって有益な情報であるかを考えて配信しましょう。

例えば、ライブ配信前にストーリーズでアンケートを取ることも有効です。3つほどお題を考え、「次回のライブ、どのテーマがいいですか？」と選んでいただいたり、「インスタライブで聞いてみたいテーマはありますか？」と投げかけてみるのもいいと思います。ライブのメリットは、リアルタイムの交流を60分間の動画で残せることですから、ストーリーズの1コマ15秒ではお伝えできないことを伝えましょう。

1人だとまだハードルが高い方は、まずはスマホの動画を回し、カメラの前でオススメコーデを紹介する練習からはじめてみてはいかがでしょうか？　笑顔・テンポ・そして自分が楽しそうか客観視して、10分間見ていられるかどうかを試してみましょう。とはいえ実際のインスタライブでは、視聴者がコメントや反応をくださるので、全て1人で何とかしようとする必要はありませんよ。

POINT

目的は、〝配信後も〟参考にしてもらうこと

45 拡散力の強い「リール」とどう向き合うか

リール（15秒〜30秒の短尺動画を共有できる機能）の発信についてですが、ストーリーズとの大きな違いは新規ユーザーにリーチする可能性を大きく秘めている点です。ストーリーズはフォロワーとさらに濃く繋がるための機能ですが、**リールは拡散力に長けています。なぜなら、投稿と同じように発見タブに表示される可能性があるからです。**

インスタは、アップデートのたびに、新機能を露出させるので、今後も新機能が出てきたときはまず試してみましょう。インスタ内の発見タブでよく見かけるような新機能である場合、新規ユーザーへのアプローチに繋がる導線が確保されているということなので、積極的に活用することをオススメします。

販売員にとって、スタイリングをよりリアルに、アップテンポな音楽と合わせて紹介ができるので、短い時間でも商品イメージが伝えやすいことも特徴です。

15秒でも複数のコーデを倍速で見せるといった方法もできますし、ちょっとしたCMのような印象的なワンシーンを生み出してみる方法もオススメ。

外の風景とスタイリング・音楽のマッチ具合にもよりますが、**同じコーデを違うアングルから撮影し、それを組み合わせて音楽に乗せたり、歩く動画を撮るだけでも、着用シルエットが伝わります。**撮り方のバリエーションはTikTokから来ているものが多いので、リールに挑戦したい方は、TikTokとリールをよく見てできそうなことから真似することに尽きます。

数百フォロワーしかいなくても、突然数万人にリーチする可能性があるので、まずは気軽にはじめてみましょう。

POINT

ストーリーズはフォロワーのみ、リールはフォロワー外に届く

46 「お礼周り」で感謝の気持ちが真に伝わる

ここまでは、投稿時のポイントをお話ししてきましたが、日々の投稿をせずともお客様と繋がる方法があります。それは、あなたのブランドの商品を着用している人を探して、お礼を伝えることです。

所属ブランドにまつわる投稿をアップしているユーザーを見つけたら、積極的に「いいね」でお礼を伝えましょう。**そのためには「ブランドの公式アカウント」が開設されていると効果的です。なぜなら、ユーザーは、ハッシュタグに合わせて、「タグ付け」も行うからです。**

実際、インスタに投稿する際に、着用画像へブランドクレジットを付けたいと思ったことはありませんか？　それができるのが「タグ付け」です。つまり、投稿画像に関連するアカウントのタグを画像に貼ることで、タグをタップすればそのアカウントへ飛ぶことができます。

その際に、公式アカウントがないと残念ながらお客様を取りこぼすことになります。着用ブランドのタグ付けをしたいと考えたときに、スタッフ個人や店舗のタグを付けようとは思いませんよね？　タグを付けてもらうことがゴールではなく、そのタグを付けて発信してもらえることで、未来のお客様へ向けて情報が届くことが目的です。


そのうえで、「いいね」をしてお礼を伝えるときにも、公式アカウントのプロフィール画面にあるタグ付けフィードに行けば、タグ付けしてくださったお客様の投稿がずらりと並んでいます。そこから、いいねを周れば、未来のお客様に出会える可能性が高まりますので、公式アカウントがある方はぜひお礼周りをしてみてくださいね。

もし、いいねだけではなくどうしてもコメントしたいという場合は、**「とてもお似合いです。ご着用いただきありがとうございます！」**と販売員として感謝の気持ちを言葉にするのもいいと思います。

しかし、突然のことでお客様がびっくりするかもしれないので、まずは「いいね」からはじめましょう。**いいねをしたお客様から、いいね返しがあったら、コメントを**

するというように、会話と同じくナチュラルなタイミングを心がけてください。先ほどのコメントに対してお返事があった場合は、そのお返事に対する会話で繋げ、次にお返事があれば、「**私のアカウントでも〇〇様のお好みに合いそうな商品をたくさん紹介しておりますので、よかったらぜひ★**」という形で、自分の個人アカウントをオススメするといった流れはいかがでしょうか。

発信内容が具体的に固まるまでは、こういった繋がり方もできるのです。

POINT

タグ付けフィード・ハッシュタグから愛用者を見つける

47「来店予約」をしてもらうための仕組みづくり

お客様から、あなた宛てに事前予約をいただいたことはありますか？

新型コロナウイルスによる外出制限や三密回避の対策として、来店規制や事前予約制を取り入れた店舗を見かけましたが、あなた自身でもお客様の来店予約を取ることはできるのです。

「事前予約」でイメージが湧くのは、美容室を予約するときに使う「ホットペッパービューティー」ではないでしょうか。美容師さんを指名せずに予約することもできますが、最近では、それぞれの美容師さんが得意なスタイルを明確化しているため、インスタで気になるヘアスタイルを見つけたら、その美容師さんに予約を入れる人も多いはず。

ファッションの世界でも、同じことが言えると思いませんか？　日頃からインスタ内で着こなしのお手本にしている販売員さんに、自分の買い物をアシストしてもらえたら……、おしゃれになれそうな気がしますよね。

本来の販売員の定義に戻ってしまいますが、販売員は「お客様に理想のスタイルを提案すること」が仕事です。それにも関わらず、全ての業務において待ちの姿勢でい続ける場合、いつまでも不特定多数の販売員さんのうちの1人となるのは当然です。

この章にたどり着くまでに、「あなたの魅せ方」についてお伝えしてきましたが、あなたを明確化する理由は、あなたの発信する情報を参考にしてもらうため。そのうえで、来店時に指名される販売員になるためには、自ら予約を取らなければなりません。

あなたから「接客の予約は可能です」と打ち出していかなければ、お客様は「出勤しているかどうかわからないから、店舗をのぞいてみよう」という状況になります。

その場合、もしかしたら出勤さえしていない可能性もありますし、仮に出勤していても、休憩に出ていたり、ロング接客に入っていたりで、結局お客様は話しかけられず、あなたはせっかくの機会を逃すことになります。**そんな問題を解決するのが、毎月の勤務日をお知らせすることと、個別で接客予約をしていると伝えることです。**

出勤日のお知らせの仕方

勤務日は、自分で出勤カレンダーをつくってストーリーズでお知らせしましょう。月末に来月のシフトを発表するもよし、半月に1回発表するもよし、毎週でもOKですので、とにかく定期的に、かつこまめにお知らせすることが重要です。

無事お知らせができた後は、ハイライトに「出勤日」といった形でまとめておきます。事前予約可能のお知らせは、プロフィール文に記載することがオススメです。「接客のご予約はDMから」というように記載しましょう。いきなりそんなこと書くのは恥ずかしいと感じる場合は、出勤カレンダーに「事前の接客予約はDMで」と記載しておけばOKです！

ここでは予約の取り方についてお伝えしましたが、あくまでインスタでの発信がしつかりできたうえで叶うことですから、「インスタから予約をいただくためにはどうすればいいのか」といったことを考えて自分のコンセプトから外れない、あなた自身の強みを活かしたスタイリング提案をしっかり発信していきましょう！

POINT

理想のスタイルが提案できてはじめて、指名される

48 納得できるアカウントを持って、本社へアピール！

インスタ経由で指名のお客様がご来店されたり、店頭で繋がったお客様が再来店してくださるようになったら、成果を数字で管理しましょう。

例えば、売上データが確認できる場合は、どの方が該当者かチェックしておいたり、データが確認できない場合は、手作業になりますが、該当のお客様が購入された商品のタグの写真をためておいたりして、**「今日のインスタ経由のご来店が何名で、合計売上は〇円」というように管理します。「リピーターは約何名いるのか」ということもあなた自身でリストにしておくと成果としてわかりやすく本社へもアピールできます。**このようなことができるようになったら、自ら次のステージを選ぶことができるのです。

もちろんそのまま顧客様をたくさん抱えるスター販売員として成長するもよし、自ら発信してきたインスタの知見を、スタッフに伝えることが業務として認識してもらえれば、マネージャーのポジションにもなれます。「毎回あなたが発信する商品がよく売れる」というデータが取れた場合は、プレスやバイヤー、商品企画部や販促部に配属されることもあります。現場とSNSの両方がわかる人材は非常に貴重ですから、EC部署に行くこともできるでしょう。

あなたが希望すればどの領域へ進むことも可能です。このように、インスタを通してあなた自身が学び成果を残していけば、アパレル業界において希少性の高いポジションで活躍の幅を広げられるのです。

「未来の自分は、過去の自分の行動の積み重ね」

私の尊敬する方が教えてくれた言葉ですが、本当にその通りだと思います。

POINT

インスタの数字が、理想のキャリアへの切符になる

考え方1つで、販売員の可能性は無限に広がる

最後までお読みいただき、本当にありがとうございました。

販売員には、無限の可能性があります。目の前のお客様の洋服選びをアシストするというのは、一見誰にでもできるように思えて、実は限られた人にしかできない仕事です。あなたはすでに、特化したスキルを持っているのです。

そのうえで、あなた自身の可能性をさらに広げるために、自ら目標を立てて行動し、結果をつくり出す経験を積んでほしいと思っています。

なぜなら、それが、これからの時代を生き抜くための武器になるからです。

私に「考える力」を授けてくれたのは、新卒時代の上司でした。

当時のことはいまでも鮮明に覚えています。はじめて配属された大丸心斎橋店で、「売らなくていいから、バックヤードで来週の販促を考えてみて」と仕事を与えてく

れました。

私は売ることが大好きでしたし、1客でも多く接客して売上を立てたいのに、「なんで売らせてもらえないんだろう？　ゼロから考えることはとても苦手だし、こんなことをしなくても私は売れるのに」なんて、浅はかなことを思っていました。

しかし、店舗の週間売上目標を決めたうえで、目標を達成するためにはどうすればいいか、各スタッフの課題を考えることを続けた結果、販売戦略が溢れ出るほど思いつくようになり、自分が店頭に立つときの視野も驚くほど広がったのです。

私の日々の作業が、「知的労働」へと変わったはじめての瞬間でした。

例えば、店舗のスタッフみんなでロールプレイングをする際には、自身の接客術をまとめたり、スタッフ同士でコーデを組み合っておしゃれな店舗を目指したり、店頭に立つときは、お客様に気持ちよく買い物をしてもらうだけではなく、「来月のノルマ達成に繋がるネタ」を探すようになったり……。

このように、少し先の未来に目を向けた行動が、自然と取れるようになったのです。

その後、店長になると、数千万の予算を私が管理しなければならなくなりました。

店長会議では、毎回先輩方から店舗運営について指摘を受け、自身の販売戦略の甘さを痛感しましたし、目標を成し遂げられず悔しい思いをしたことも数えきれないほどありました。しかし、そんな経験を通して、何があっても考えることをやめずに、成果を出すまで実践する姿勢を身につけることができました。

明確な正解がない世の中になったいまだからこそ、この「考える力」は、どんな職種の方にも必要な力だと思います。

販売員であるあなたにも実践していただけたら……、必ず未来に役立つ。

あなたが本書を読みながら考える力を身につけることができるように、そう願ってこの本を書き上げました。

もし、発信をしていく中で、つまずいたときや誰かに背中を押してほしいときには、私をタグ付けしていただくか、DMから声をかけてください！

私はSNSのあらゆるところにいて、いつでもあなたと繋がることができます。インスタはもちろん、Twitter・Clubhouseだって、「@may_ugram」で検索すればいますぐに私と繋がれます。そう考えると、SNSの存在って素晴らしくないですか？

この本を「店頭」に置き換えてみると、本書の先にSNSがあるだけで、私とあなたが繋がる導線はできています。そして、私は、いまあなたとお別れをする寸前に、ナチュラルに自分のSNSをお知らせしましたよね？（笑）

そういったことをあなたもぜひ、これから店頭で実践してください。

最後になりましたが、この本を生み出す機会を与えてくれた編集者の礒田千紘さん。礒田さんが声をかけてくださらなかったら、私は今年中に本を書くことはなかったと思います。販売員の価値を改めて問い直すべきタイミングに、たくさんの販売員さんの未来をつくる架け橋になれました。本当にありがとうございます。

そして、全力でアパレル販売員を応援するメディア「TOPSELLER.STYLE（トップセラースタイル）」で記事を書かせていただいたおかげで、この本のお話に繋がりました。主宰の四元亮平さん（@Playtopseller）、深地雅也さん（@fukaji38）、ご縁をいただきありがとうございました。

「TOPSELLER.STYLE」は、セールスについてはもちろん、EC・VMD・MDなどのプロが惜しみなく情報提供をしている販売員向けのWebメディアですので、もっと学びたい方は、ぜひこちらもチェックしてみてください。

また、SNSディレクションを行う先に、経営の観点からご指導いただき、担当の領域・可能性を広げてくださった、田中リテールマーケティング合同会社代表の田中康寛さん。いつも本当にありがとうございます。

私自身も、インスタをきっかけに、それぞれの道のプロの方と出会い、コツコツと積み上げてきたノウハウをアパレル業界に還元できる居場所が見つかりました。販売員時代には、想像のつかなかった未来です。

未来の自分は、いまのあなたがつくります。

本書との出合いが、あなたの未来に繋がりますように。

艸谷真由

会わなくても"指名"される

トップ販売員《はんばいいん》のInstagram《インスタグラム》力《りょく》

2021年3月31日　初版発行

著　者……艸《くさ》谷《たに》真《ま》由《ゆ》

発行者……大和謙二

発行所……株式会社大和出版

東京都文京区音羽1-26-11　〒112-0013

電話　営業部03-5978-8121／編集部03-5978-8131

http://www.daiwashuppan.com

印刷所……信毎書籍印刷株式会社

製本所……ナショナル製本協同組合

装幀者……藤塚尚子（e to kumi）

ISBN978-4-8047-1878-1

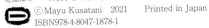